ADVOCACIA
& BIOÉTICA

1

ADVOCACIA & BIOÉTICA

PRISCILA MATOS FERREIRA GOMES
KAIO CÉSAR PEDROSO
LALESKA RIGATTO WALDER
MARCELLA MENHA CADETE
MÁIRA A. COLLANGE
ELIANE VIEIRA
JOSÉ WALTER BENETTI JÚNIOR
NICOLE RAMALHO PRADO DOS SANTOS
BRUNNA PIRES BARBOSA LOPES
QUEILA ROCHA CARMONA
CARLOS ALBERTO SECCO
MARCELLA MENHA CADETE
NICOLE RAMALHO PRADO DOS SANTOS
ARIOVÂNIA MORILHA SILVEIRA SANO
RONALDO SOUZA PIBER
VICTOR SOLA BALSAMO
ADRIELLY PINTO DOS REIS
BRUNA VELLOSO PARENTE
MARGARETH VETIS ZAGANELLI
QUEILA ROCHA CARMONA
LELITA HELENA LOPES
NATALIA BACARO COELHO

NEGÓCIOS BIO— JURÍDICOS

ORG. **Queila Carmona**
COORD. **Henderson Fürst**

VOL. **1**

Copyright © 2023 by Editora Letramento

Diretor Editorial Gustavo Abreu
Diretor Administrativo Júnior Gaudereto
Diretor Financeiro Cláudio Macedo
Logística Daniel Abreu e Vinícius Santiago
Comunicação e Marketing Carol Pires
Assistente Editorial Matteos Moreno e Maria Eduarda Paixão
Designer Editorial Gustavo Zeferino e Luís Otávio Ferreira

Conselho Editorial Jurídico

Alessandra Mara de Freitas Silva	Edson Nakata Jr	Luiz F. do Vale de Almeida Guilherme
Alexandre Morais da Rosa	Georges Abboud	Marcelo Hugo da Rocha
Bruno Miragem	Henderson Fürst	Nuno Miguel B. de Sá Viana Rebelo
Carlos María Cárcova	Henrique Garbellini Carnio	Onofre Alves Batista Júnior
Cássio Augusto de Barros Brant	Henrique Júdice Magalhães	Renata de Lima Rodrigues
Cristian Kiefer da Silva	Leonardo Isaac Yarochewsky	Salah H. Khaled Jr
Cristiane Dupret	Lucas Moraes Martins	Willis Santiago Guerra Filho

Todos os direitos reservados. Não é permitida a reprodução desta obra sem aprovação do Grupo Editorial Letramento.

Dados Internacionais de Catalogação na Publicação (CIP)
Bibliotecária Juliana da Silva Mauro - CRB6/3684

N384   Negócios biojurídicos / Priscila Matos Ferreira Gomes [...] et
　　　　al. ; coordenado por Henderson Fürst ; organizado por Queila
　　　　Carmona. - Belo Horizonte : Casa do Direito, 2023.
　　　　　v. 1 : 232 p. ; 23 cm. - (Advocacia & Bioética)

　　　　Inclui Bibliografia.
　　　　ISBN 978-65-5932-398-2

　　　　1. Negócios biojurídicos. 2. Bioética. 3. Marcos regulatórios. I. Gomes, Priscila Matos
　　　　Ferreira [...] et al. II. Fürst, Henderson. III. Carmona, Queila. IV. Título. V. Série.

　　　　CDU: 17.021.1:5
　　　　CDD: 174.2

Índices para catálogo sistemático:
1. Bioética - Ciências médicas 17.021.1:5
2. Bioética médica 174.2

LETRAMENTO EDITORA E LIVRARIA
Caixa Postal 3242 – CEP 30.130-972
r. José Maria Rosemburg, n. 75, b. Ouro Preto
CEP 31.340-080 – Belo Horizonte / MG
Telefone 31 3327-5771

É O SELO JURÍDICO DO
GRUPO EDITORIAL LETRAMENTO

7   **A EFETIVIDADE DAS DIRETIVAS ANTECIPADAS DE VONTADE NA ESCOLHA DE TRATAMENTO ISENTO DE SANGUE EM DECORRÊNCIA DE CONVICÇÃO RELIGIOSA**
Priscila Matos Ferreira Gomes
Kaio César Pedroso

27   **A REGULARIZAÇÃO DO CONSENTIMENTO NO TESTAMENTO VITAL PARA O USO DE DADOS E MEMÓRIAS DEIXADOS EM REDES SOCIAIS NO PÓS-MORTEM**
Laleska Rigatto Walder

45   **TERMO DE CONSENTIMENTO NA PRÁTICA CLÍNICA AMBULATORIAL E CIRÚRGICA**
Marcella Menha Cadete
Máira A. Collange

71   **LIMITES DE CONSENTIMENTO DO PACIENTE**
Eliane Vieira

89   **MEDICINA BASEADA EM EVIDÊNCIAS COMO GARANTIA DA AUTONOMIA.**
José Walter Benetti Júnior
Nicole Ramalho Prado dos Santos
Brunna Pires Barbosa Lopes

121   **CONTRATO "ULISSES" COMO REPRESENTAÇÃO DA AUTONOMIA NO CAMPO DO BIODIREITO**
Queila Rocha Carmona
Carlos Alberto Secco

137 PARTICULARIDADES DO TERMO DE CONSENTIMENTO NA PESQUISA CLÍNICA SOB O OLHAR DOS PRINCÍPIOS DE AUTONOMIA E VULNERABILIDADE
Marcella Menha Cadete
Nicole Ramalho Prado dos Santos

159 COMUNICAÇÃO EFICAZ E LETRAMENTO EM SAÚDE NO CONSENTIMENTO INFORMADO
Ariovânia Morilha Silveira Sano
Ronaldo Souza Piber
Victor Sola Balsamo

175 A SUB-ROGAÇÃO UTERINA E OS SEUS CONFLITOS TRANSNACIONAIS: A AUSÊNCIA DE MECANISMOS MULTILATERIAIS DEDICADOS À SALVAGUARDA DE DIREITOS DOS MENORES DIANTE DAS ASSIMETRIAS JURÍDICAS DE TRATAMENTOS PELOS ESTADOS
Adrielly Pinto dos Reis
Bruna Velloso Parente
Margareth Vetis Zaganelli

197 CONTRATO DE GESTAÇÃO DE SUBSTITUIÇÃO
Queila Rocha Carmona
Lelita Helena Lopes

211 NO CASO DE "PRODUÇÃO INDEPENDENTE", VALE UMA EVENTUAL MANIPULAÇÃO GENÉTICA PARA SATISFAZER OS INTERESSES DA MÃE?
Natalia Bacaro Coelho

A EFETIVIDADE DAS DIRETIVAS ANTECIPADAS DE VONTADE NA ESCOLHA DE TRATAMENTO ISENTO DE SANGUE EM DECORRÊNCIA DE CONVICÇÃO RELIGIOSA

PRISCILA MATOS FERREIRA GOMES[1]
KAIO CÉSAR PEDROSO[2]

INTRODUÇÃO

Como amplamente divulgado, pacientes reconhecidos como Testemunhas de Jeová são conhecidos junto à comunidade médica por sua recusa em se submeter a tratamentos e procedimentos que envolvam o uso de sangue. Tal recusa se deve à uma interpretação bíblica manifestada pelos aludidos fiéis, bem como por entenderem que o uso do sangue não significa, sobretudo, um meio seguro à manutenção da vida, quer seja pelos riscos existentes na administração do próprio procedimento, quer por violar sua consciência, já que, ain-

---

[1] Advogada especialista em direito médico e da saúde. Pós-graduada em direito processual civil, em direito previdenciário, membro da Comissão de Direito Médico, Sanitário e Defesa da Saúde da OAB/MS e membro da Comissão de Biodireito da OAB/MS. contato@priscilamatosadv.com.

[2] Advogado, especialista em direito civil, direito processual civil, direito contratual, direito constitucional aplicado e advocacia extrajudicial. Mestre em direito, justiça e desenvolvimento pelo IDP.

da que se admita que em algumas situações a transfusão de sangue venha a salvar a vida do paciente, tira do paciente a dignidade de viver conforme suas crenças e convicções.

Nos últimos anos, a questão aqui abordada tem sido palco de inúmeros debates entre a comunidade médica e juristas, considerando que ao passo que deve ser resguardado o direito à autodeterminação, há também o direito à vida, consagrado na Constituição da República Federativa do Brasil.

A discussão acerca do assunto é tamanha que atualmente tramita junto ao Supremo Tribunal Federal a ADPF (Arguição de Descumprimento de Preceito Fundamental) nº 618 ajuizada pela Procuradoria Geral da República, objetivando salvaguardar o direito desses pacientes religiosos, por sua vez maiores e capazes, no sentido de se absterem dessa modalidade de tratamento de saúde em razão de suas convicções religiosas e pessoais.

Outrossim, a repercussão geral sobre o tema atrelado à autodeterminação desses pacientes foi reconhecida pelo Recurso Extraordinário nº 1.212.272 e tramita perante o Supremo Tribunal Federal onde se discute a viabilidade e aplicação dos artigos 1º, III; 5º, caput, II, VI e VIII; e 196 da Constituição Federal.

Toda esta problemática ainda não pacificada se dá em grande parte por não se conferir às diretivas antecipadas de vontade, por sua vez instrumentalizada na forma de documento particular ou mesmo público, onde o paciente manifesta sua vontade e exerce sua autonomia em relação à tratamentos médicos, assim como sobre outras disposições sobre seu tratamento de saúde, a validade e respeito que se espera, negativa esta que decorre em grande parte das situações conflitantes geradas diante da ausência de conhecimento acerca da extensão dos direitos constitucionais aplicados a todos os pacientes, assim como por se observar ou deixar de observar os princípios bioéticos, conferindo validade e autenticidade a esse instrumento, e em especial ao seu conteúdo, de tamanha importância e legitimidade.

Desse modo, entendemos por bem segmentar a presente discussão em três tópicos, sendo o primeiro destinado a expor de modo breve as razões para a aludida recusa ao tratamento de saúde (transfusão de sangue). O tópico seguinte versará sobre os direitos à liberdade religiosa, de consciência, do direito à vida e tratará sobre, na hipótese de conflito entre estes direitos, qual prevalecerá quando estiverem em confronto. O terceiro tópico deste artigo tratará sobre a importância de se conferir legitimidade ao consentimento informado e às diretivas antecipadas de vontade na efetivação de direitos dos pacientes, sendo apresentados posicionamentos atuais e relevantes de tribunais pátrios no sentido de que, quando respeitados, ao contrário do que se acredita, conferem, tranquilidade à comunidade médica e jurídica, contribuindo ainda não só para o surgimento, mas também para a pacificação da relação havida entre pacientes, instituições de saúde e médicos.

1. DA ABSTENÇÃO DE TRATAMENTO MÉDICO COM SANGUE

Fato é que a recusa resoluta de alguns pacientes quanto a realização de hemotransfusões, quer seja de forma total ou tão somente dos componentes primários do sangue (glóbulos brancos, glóbulos vermelhos, plasma e plaquetas), é de conhecimento público, contudo, fato que é desconhecido pela grande maioria são as reais razões para que se dê tal recusa.

A referida abstenção se baseia no fato de não acreditarem ser esse um meio seguro de tratamento e sobretudo, em decorrência de uma interpretação bíblica, acreditam que o único uso do sangue aprovado por Deus é sacrifical em relação ao Seu filho Jesus Cristo, "uma vez para sempre", servindo assim de "resgate, por intermédio do sangue desse" (Hebreus

9:11-14,22; Efésios 1:7), já que as Testemunhas de Jeová creem que Deus (Jeová) é o doador e fonte da vida e que por meio da bíblia fornece às pessoas instruções no que se refere aos atos da vida, o que inclui a utilização correta que se deve dar ao sangue, fluido este indispensável para manutenção da vida.

Nesse sentido, segundo a autora e professora Melo (2007):

> O sangue derramado de Jesus Cristo, que representa a vida humana que ele deu em prol da humanidade, é fundamental para a esperança dos cristãos. Seu sangue é a base para o perdão de pecados e para a esperança de vida eterna. Quando um cristão se abstém de sangue, ele está, na verdade, expressando sua fé em que apenas o sangue derramado de Jesus Cristo pode realmente redimi-lo e salvar a sua vida. (MELO, 2007, p. 25, grifo nosso).

Além da razão acima, esses pacientes têm como base para abstenção quanto ao tratamento envolvendo uso de sangue, outras diretrizes bíblicas, tal como a disposição contida em Gênesis 9:4, na ocasião em que foi dada ao personagem bíblico Noé a ordem de: "Somente a carne com a sua alma — seu sangue — não deveis comer".

De uma simples leitura de um exemplar da bíblia sagrada, em especial no episódio que se refere ao personagem Noé, observa-se que antes do mesmo entrar na arca na companhia de sua família, os humanos se alimentavam de vegetais, frutas frescas e secas e cereais, entretanto, após saírem da arca, Deus lhes permitiu alimentarem-se de carne animal. Ocorre que a ingestão de carne animal deveria ser precedida do sangramento do animal, justamente pelo fato do sangue ser considerado sagrado para Deus, restando assim estabelecida uma relação estreita entre o sangue e a vida de um ser.

Assim, as Testemunhas de Jeová entendem que esse mandamento dado a Noé lá no passado, aplica-se a todos os humanos até os dias atuais.

Outra ordem no mesmo sentido na qual esses fiéis apoiam suas convicções, foi transmitida a então nação de Israel, conforme descrito em Levítico 17:10-14, que assim dispõe:

> "**Se algum homem** da casa de Israel ou algum estrangeiro que mora entre vocês **comer o sangue de qualquer criatura, eu certamente me voltarei contra aquele que comer o sangue**, e o eliminarei dentre seu povo. Pois a vida de uma criatura está no sangue, e eu mesmo o dei a vocês para que façam expiação por si mesmos no altar. Pois é **o sangue que faz expiação por meio da vida que está nele**. Foi por isso que eu disse aos israelitas: "**Nenhum de vocês deve comer sangue, e nenhum estrangeiro que mora entre vocês deve comer sangue.**" [...] Por isso eu disse aos israelitas: "**Não comam o sangue de nenhuma criatura, porque a vida de todas as criaturas é seu sangue. Quem o comer será eliminado.**". (A BÍBLIA, 2015, p. 201, grifo nosso).

A ordem bíblica não se limita ao disposto no texto acima, por sua vez encontrado naquele que se denomina de Velho Testamento, posto que já no primeiro século, ou seja, cerca de 2.400 anos depois da ordem dada a Noé, ao se reunirem para chegar a um consenso quanto a quais seriam os mandamentos que os então cristãos deveriam seguir, os denominados apóstolos chegaram à conclusão presente no texto de Atos dos Apóstolos 15:28, 29, *in verbis*:

> Pois pareceu bem ao espírito santo e a nós não impor a vocês nenhum fardo além destas coisas necessárias: que persistam em se abster de coisas sacrificadas a ídolos, **de sangue**, do que foi estrangulado e de imoralidade sexual. Se vocês se guardarem cuidadosamente dessas coisas, tudo irá bem com vocês. Saudações!". (A BÍBLIA, 2015, p. 1.532, grifo nosso).

Ou seja, o escritor de Atos dos Apóstolos reafirmou aos cristãos daquela época a ordem que o próprio Deus havia dado muitos anos antes a Noé e à nação de Israel.

Fato é que o texto contido em Atos não limita ao uso do sangue apenas proveniente de animais. Comparando esse texto com o de Levítico 17:10, acima transcrito, nota-se que para esses fiéis, as diretrizes estabelecidas para o sagrado uso do sangue, envolveria todas as espécies, incluindo os humanos.

Desse modo, as Testemunhas de Jeová acreditam que a norma bíblica contida em Atos de se abster de sangue, inclui a recusa as transfusões de sangue.

No entanto, no que se refere a uso de terapias envolvendo frações de sangue, derivadas dos quatro componentes principais ou ainda alternativas (substâncias e procedimentos) envolvendo o uso do próprio sangue, entendem que não há uma diretriz bíblica específica e definitiva para tanto, pelo que, acreditam que a sua utilização ou não se trata de uma questão a ser submetida ao escrutínio da consciência de cada paciente Testemunha de Jeová.

Além da questão religiosa, os pacientes oriundos dessa religião acreditam que a transfusão de sangue não é o melhor método para se tratar da saúde, conforme declarado até mesmo pelo Ministério de Estado da Saúde por meio da Portaria nº 05, onde resta afirmado que "toda transfusão traz um risco ao receptor, seja imediato ou tardio" (BRASIL, 2017), fato que também foi confirmado pela Agência Nacional de Vigilância Sanitária – ANVISA por ocasião da criação do manual técnico para investigação da transmissão de doenças pelo sangue que, por sua vez, recomenda inclusive se fazer a comparação entre os riscos de se realizar uma transfusão ou não. Note:

> Envolve risco sanitário com a ocorrência potencial de incidentes transfusionais, sejam eles imediatos ou tardios. Em algumas situações clínicas, a transfusão pode representar a única maneira de se salvar uma vida, ou melhorar rapidamente uma grave condição. Contudo, **antes de se prescrever o sangue ou hemocomponentes a um paciente é essencial sempre medir os riscos transfusionais potenciais e compará-los com os riscos que se tem ao não se realizar a transfusão.** (BRASIL, 2007, p. 09, grifo nosso).

É importante destacar que, corroborando a tese de que tratamentos envolvendo transfusão de sangue não são seguros, um estudo de título "Estudo Prospectivo e Randomizado das

Estratégias Liberal e Restritiva de Transfusão de Hemácias em Cirurgia Cardíaca" desenvolvido pela doutora Ludhmila Abrahão Hajja (2010) junto ao Instituto do Coração na cidade de São Paulo, analisou 512 pacientes que se encontravam em situações de grave risco e que foram submetidos à transfusão de sangue, em comparação com pacientes que não realizaram o procedimento, o resultado foi no sentido de que a transfusão aumentou em cerca de 20% a taxa de mortalidade ao se computar cada bolsa recebida pelos pacientes que receberam a hemotransfusão.

Embora recusem a transfusão de sangue, esses pacientes não têm como objetivo confrontar a classe médica. Ao contrário, com o escopo de propiciar uma boa relação médico-paciente diante da recusa, as Testemunhas de Jeová criaram uma rede de mais de 127 Comissões de Ligação com Hospitais, as chamadas "COLIH's".

Essa comissão se trata inclusive de um serviço gratuito e está disponível 24 horas por dia para profissionais da área médica que tratam pacientes Testemunhas de Jeová[3] e que no Brasil conta com mais de 1.350 membros voluntários e capacitados disponíveis que tem por objetivo, dentre outros, buscar e contatar médicos colaboradores dispostos a tratar dos mais diversos problemas de saúde que também acometem às Testemunhas de Jeová, sem que se faça o uso de sangue, organizando ainda palestras gratuitas, disponibilizando artigos e informações para profissionais tanto da área médica como jurídica, sobre os tratamentos e questões jurídicas envolvidas na hipótese de recusa, realizando ainda conferências mediante a apresentação de médicos que já conhecem, manejam e dominam as técnicas alternativas, aceitas por esses pacientes, auxiliando ainda na transferência de pacientes para outras instituições de saúde que dispõem de médicos e estrutura para tratá-los.

---

3 O site jw.org disponibiliza o contato de um representante dessa comissão no Brasil e no na sede mundial no endereço eletrônico: https://www.jw.org/pt/biblioteca-medica/contatos-comissao-ligacao-hospitais-colih/brasil.

2. DO DIREITO À LIBERDADE RELIGIOSA, CONSCIÊNCIA E DO DIREITO À VIDA

Dentre as garantias legais existentes que asseguram ao paciente o direito de ter e ver respeitadas as diretivas antecipadas de vontade, dentre elas a abstenção de sangue, há a Declaração Universal dos Direitos Humanos de 1948, da qual o Brasil é signatário, sendo que seu artigo 18 dispõe que toda pessoa deve ter garantido o direito à "liberdade de pensamento, consciência, religião; este direito inclui a liberdade de mudar de religião ou crença e a liberdade de manifestar essa religião ou crença, pelo ensino, pela prática" (ASSEMBLEIA GERAL DA ONU, 1948), tendo a própria Constituição da República Federativa do Brasil, em seu art. 5°, §2°, assegurado que os direitos presentes em seu texto não excluem aqueles consagrados na Declaração Universal dos Direitos Humanos. Veja:

> Art. 5° Todos são iguais perante a lei, sem distinção de qualquer natureza, garantindo-se aos brasileiros e aos estrangeiros residentes no País a inviolabilidade do direito à vida, à liberdade, à igualdade, à segurança e à propriedade, nos termos seguintes:
> [...]
> §2° Os direitos e garantias expressos nesta Constituição não excluem outros decorrentes do regime e dos princípios por ela adotados, ou dos tratados internacionais em que a República Federativa do Brasil seja parte.

É evidente que como direito individual indisponível presente tanto na Declaração Universal dos Direitos Humanos, quanto na Constituição da República Federativa do Brasil, o direito à liberdade de pensamento e de crença religiosa é de extrema importância e merece ser considerado ao se tomarem decisões no que se refere a opções de tratamento médico que o paciente deseja, assim como à observância às diretivas antecipadas de vontade.

Azevedo (2010), em seu parecer sobre a autonomia do paciente e direito de escolha de tratamento médico sem transfusão de sangue em conformidade com os atuais preceitos civis e constitucionais brasileiros, esclarece que a forma como o cidadão dirige a sua vida é determinado pelos valores que ele adquiriu ao longo da própria vida, fazendo parte de sua identidade pessoal e que "por essa razão, a Constituição não apenas garante o direito de professar uma determinada religião, mas o direito de conduzir a vida de acordo com seus preceitos frente a terceiros e ao Estado" (AZEVEDO, 2010, p. 19).

Desse modo, quando esses pacientes rejeitam um procedimento médico que envolva uma transfusão de sangue, não estão desafiando a medicina, muito pelo contrário, acreditam nela, buscam por ela e optam por serem tratadas da maneira mais segura possível, manifestando sua discordância a qualquer tratamento médico envolvendo a aludida transfusão de sangue em suas diretivas antecipadas de vontade.

Assim, ao ser compelido a se submeter a qualquer tratamento médico que não julgue seguro ou que contrarie suas convicções religiosas, o paciente tem seu direito de liberdade de consciência violado, direito este presente no rol dos direitos fundamentais da Constituição Federal de 1988 e que não se aplica apenas ao serviço militar. Note:

> Importante ressaltar que a escusa de consciência **se aplica às obrigações de forma genérica, e não somente ao serviço militar obrigatório**, como bem lembra Jorge Miranda, ao afirmar que "é garantido o direito à objeção de consciência nos termos da lei (art. 41º, nº 6), e não se confinando a objeção ao serviço militar, pois **pode abranger quaisquer adstrições coletivas que contendam com as crenças e convicções**. (MORAES, 2007, p. 124, grifo nosso).

Dito isso, sendo a liberdade de consciência um direito fundamental, deverá ser respeitada de forma a não levar o paciente a ser compulsoriamente submetido à transfusão de sangue contra sua vontade, sob pena de submeter o paciente a viver uma vida sem dignidade e com pesar, já que sua consciência e seus princípios foram violados, causando-lhe ainda sérios prejuízos de ordem emocional.

Presente no artigo 5º, *caput*, da Constituição Federal (BRASIL, 1988), o direito à vida é sem dúvida um expoente da ordem constitucional vigente, uma vez que se trata de requisito necessário e indispensável para o exercício de todos os outros direitos elencados no ordenamento jurídico, pelo que, é tido por muitos juristas como bem jurídico maior. No entanto é considerado por alguns como não sendo absoluto, não estando acima de todas as outras normas e direitos presentes em lei.

Fato é que o direito à vida se refere ao direito não só de não ser morto, bem como de bem defender e ter por protegida sua vida, mas também se relaciona ao direito de se ter uma existência digna, estando, portanto, diretamente atrelado ao princípio da dignidade da pessoa humana, encontrado logo no artigo 1º, III, da Constituição da República Federativa do Brasil (BRASIL, 1988).

Importante ressaltar que esse importante princípio explícito no rol de direitos fundamentais da Carta Magna e elencado como um dos fundamentos da República, diz respeito aos valores morais e espirituais que uma pessoa possui. Tanto é verdade que o dicionário Houaiss, conceitua a palavra dignidade como "qualidade moral que infunde respeito; consciência do próprio valor; honra, autoridade, nobreza" (HOUAISS, 2004).

Não sendo o Brasil um país totalitário em que a vida do cidadão venha a "pertencer" ao Estado, mas sim um Estado Democrático de Direito, fica evidente que o princípio da dignidade da pessoa humana está diretamente ligado ao exercício do direito à vida, e diz respeito ao fato da pessoa ter uma existência e vida digna, escolhendo que caminho percorrer por conta própria ao longo de sua existência, respeitando assim seus princípios, crenças e ideologias sem a interferência de terceiros.

Por ser o cidadão um sujeito de direitos e capaz de tomar as próprias decisões com base em valores intrínsecos, a dignidade desses pacientes não pode, em hipótese alguma, oscilar de acordo com o seu estado de saúde, devendo ser preservada até o fim da vida se assim, infelizmente, ocorrer, afinal, "desrespeitar os desejos de paciente testemunhas de Jeová, que deseja viver e manter seu direito à vida por meio de tratamento sem hemotransfusão, aniquilará sua esfera mais íntima da vida, e a sua própria condição de humano" (AZEVEDO, 2010, p. 19).

O direito à vida é de fato de suma importância, no entanto não deve ser visualizado e interpretado tão somente no que envolva à proteção da vida biológica, mas também deve ser direcionado à proteção e não violação do senso, da moral, dos costumes, das crenças, da autoestima e da autonomia de uma pessoa, devendo-se assim ser analisado de maneira proporcional e razoável.

Nesse sentido, o entendimento de muitos juristas quanto a eventual conflito de direitos fundamentais, como poderia ser na hipótese de fortuita avaliação e comparação entre o direito à vida e à liberdade religiosa, o princípio dignidade da pessoa humana deverá ser o balizador.

Em tempos passados, verificado tal conflito, o entendimento era de que deveria prevalecer o direito à vida por ser um bem superior. No entanto, o entendimento atual é de que, havendo eventual conflito, necessário se fará proceder à aplicação do princípio da razoabilidade, da proporcionalidade e da concordância, tudo ainda em consonância com o princípio da dignidade da pessoa humana.

Fato é que, no que se refere ao direito a vida, é dever do Estado assegurá-lo em duas dimensões, quais sejam, ao direito do ser humano permanecer vivo e de outro modo ter uma vida digna. No entanto, questiona-se como o cidadão poderá ter uma vida digna ao se deparar com a violação de seu direito de liberdade de pensamento e consciência decorrente de suas convicções religiosas? É essa a razão pela qual grande parte da doutrina entende que não se pode consagrar um direito sob o outro, no caso em questão o direito à vida sob o direito a dignidade humana.

Isto posto, submeter um paciente Testemunha de Jeová a realizar um tratamento envolvendo uso de sangue contra sua vontade, é uma flagrante violação a um dispositivo contido na Constituição Federal, já que em seu artigo 5º, II, é assegurado ao paciente a sua necessária autonomia em decorrência do princípio da legalidade, já que se expressa que "ninguém será obrigado a fazer ou deixar de fazer alguma coisa senão em virtude de lei" (BRASIL, 1988).

Assim, não existindo uma lei específica que proíba um paciente de optar por tratamento diverso do que lhe foi oferecido, de modo que sendo um cidadão possuidor de direitos, tem o mesmo a liberdade de escolher um tratamento que atenda às suas necessidades sem desrespeitar sua dignidade.

No ano de 2007, o Tribunal de Justiça de Minas Gerais, prestigiando o conceito de que a autonomia do paciente deveria ser respeitada, entendeu por bem cassar uma determinada decisão de primeira instância proferida em sede de antecipação da tutela, que por sua vez, desrespeitando as diretivas antecipadas de vontade, autorizou a transfusão de sangue em paciente adulto e capaz. Veja trecho da referida decisão superior:

> O direito à vida não se exaure somente na mera existência biológica, sendo certo que a regra constitucional da dignidade da pessoa humana deve ser ajustada ao aludido preceito fundamental para encontrar-se convivência que pacifique os interesses das partes. **Resguardar o direito à vida implica, também em preservar os valores morais, espirituais e psicológicos que se lhe agregam.** [...] É conveniente deixar claro que as Testemunhas de Jeová não se recusam a submeter a todo e qualquer tratamento clínico, desde que não envolva a aludida transfusão. (Minas Gerais, Tribunal de Justiça, 2007, grifo nosso)

O que deve ser compreendido pela respeitável classe médica e por alguns operadores do direito é que o direito à vida deve ser visto como um meio de o paciente Testemunha de

Jeová conduzir sua vida com autonomia, optando assim por um tratamento médico isento de sangue, conforme julgue ser aceitável à sua consciência, não querendo com isso cometer suicídio.

Segundo Junqueira (2009), quando o paciente faz uso da autonomia e escolhe um tratamento livre de sangue, que não fira sua dignidade humana, ele está exercendo o próprio direito à vida expresso na Magna Carta.

Deve-se ressaltar ainda que a autonomia é um dos quatro princípios fundamentais (dentre o princípio da beneficência, não maleficência, autonomia e justiça) trazidos por Tom Beauchamp e James Childress em 1979, em que se baseia a bioética e que por sua vez deveria servir de fundamento ao exercício da medicina em sua integralidade.

3. DAS DIRETIVAS ANTECIPADAS DE VONTADE E SEU PAPEL NA EFETIVAÇÃO DE DIREITOS

A Portaria nº 1.820/09 editada pelo Ministério da Saúde em seu artigo 4º, assegura ao paciente o direito de se manifestar quanto ao tratamento médico então proposto, podendo inclusive optar por meio da manifestação de sua livre escolha, por um outro alternativo. *In verbis*:

> Art. 4º **Toda pessoa tem direito** ao atendimento humanizado e acolhedor, realizado por profissionais qualificados, em ambiente limpo, confortável e acessível a todos.
> [...]
> XI - **o direito à escolha de alternativa de tratamento, quando houver, e à consideração da recusa de tratamento proposto**.
> (BRASIL, 2009, grifo nosso)

O artigo 5º, inciso V, dessa mesma portaria (BRASIL, 2009), assegura que deverá ser obter o consentimento informado por parte do paciente para a finalidade de o submeter a qualquer que seja o tratamento, exceto tão somente em casos de risco à saúde pública.

Outrossim, a Recomendação CFM 1/2016, que dispõe sobre o processo de obtenção de consentimento livre e esclarecido por ocasião do exercício da assistência médica, alertou para a necessidade de se respeitar a autonomia do paciente maior e capaz que venha a recusar a transfusão de sangue (CFM, 2016).

Como meio de se efetivar sua manifestação de vontade no sentido de não consentir para a realização de procedimentos envolvendo o uso do sangue, o paciente Testemunhas de Jeová porta consigo um documento intitulado "Diretivas Antecipadas e Procuração para Tratamento de Saúde", devidamente assinado na presença de duas testemunhas, documento este que contém a manifestação da vontade do paciente quanto à recusa à transfusão de sangue, além de elencar tratamentos alternativos aceitáveis pelo paciente, incluindo a aceitação ou não de pequenas frações de sangue, contendo ainda um histórico de uso de medicamentos e do acometimento de patologias ou alergias.

Ou seja, as diretivas antecipadas de vontade desse paciente ficam viabilizadas mediante a emissão e exibição de documento próprio, assinado diante de duas testemunhas, onde há inclusive a nomeação de dois procuradores para o representar de acordo com os dados e informações apresentadas no documento, quando não estiver o mesmo em condições de fazer valer suas escolhas, em conformidade com o artigo 654 do Código Civil, que assim descreve:

> Art. 654. Todas as pessoas capazes são aptas para dar procuração mediante instrumento particular, que valerá desde que tenha a assinatura do outorgante
> § 1º O instrumento particular deve conter a indicação do lugar onde foi passado, a qualificação do outorgante e do outorgado, a data e o objetivo da outorga com a designação e a extensão dos poderes conferidos.
> § 2º O terceiro com quem o mandatário tratar poderá exigir que a procuração traga a firma reconhecida. (BRASIL, 2002)

Segundo Azevedo (2010):

O objeto do documento (direito de escolha de tratamento médico sem transfusão de sangue), é lícito e possível, em face dos preceitos constitucionais já estudados, do artigo 15 do Código Civil e de princípios constitucionais como a Dignidade da Pessoa Humana e Autonomia. Ressalte-se que o objeto do documento não é a renúncia ao direito à vida, mas o direito de escolher antecipadamente o tipo de tratamento médico que deseja o paciente receber, *in casu*, sem hemocomponentes. Pode esse objeto ser determinável em um evento futuro (tratamento médico ou cirúrgico), e determinado quanto ao fato da recusa à transfusão de sangue e aceitação de outros procedimentos e medicações bem como a enumeração destas. (AZEVEDO, 2010, p. 37)

Isto posto, não há que se falar em invalidade do referido documento em que se manifesta de forma expressa a vontade antecipada do paciente, por eventual alegação de violação quanto ao direito à vida, que como demonstrado alhures, não é absoluto, mas sim detém caráter relativo.

Desse modo, é certo dizer que atualmente qualquer paciente detém o direito de se abster de determinado tratamento, dando seu dissentimento, mesmo que dessa forma, sua vida seja eventual e possivelmente abreviada.

Logo, se o paciente expôs previamente suas diretivas de tratamento médico, quer seja na forma escrita ou verbal, não caberá ao profissional ou instituição médica rejeitar ou reduzir à vontade dele expressada, quer seja de forma direta e pessoal ou por seu procurador.

Há que se destacar que o receio de muitos profissionais e instituições de saúde em conferir a esse documento o real valor que possui por força de lei, é no sentido de temerem eventual imputação de omissão de socorro, caso não venham a realizar a transfusão de sangue em um paciente. Nesse sentido, assim dispõe o artigo 135, do Código Penal (BRASIL, 1940), *in verbis*:

Deixar de prestar assistência, quando possível fazê-lo sem risco pessoal, à criança abandonada ou extraviada, ou à pessoa inválida ou ferida, ao desamparo ou em grave e iminente perigo; ou não pedir, nesses casos, o socorro da autoridade pública: Pena - detenção, de 1 (um) a 6 (seis) meses, ou multa. (BRASIL, 1940)

Junior (2009), explicando a verdadeira aplicação desse tipo penal nos casos de responsabilidade médica diante da opção de respeitar a opinião do paciente e de não se proceder à transfusão de sangue mesmo sob iminente perigo, assevera:

> Como se observada leitura do tipo penal, o elemento subjetivo do tipo está na intenção de omitir-se com a consciência do perigo com isso mantido. Desse modo, o médico que recomenda a transfusão de sangue, ao contrário do que exige o tipo, tem a intenção de tratar o paciente. Se este a recusa, não há que se falar em omissão de socorro por parte do médico, sendo atípica a conduta, porque falta a ela o elemento subjetivo do tipo, ou seja, o dolo de submeter o sujeito passivo a situação de perigo iminente ou eventual. (JUNIOR, 2009, p. 30).

Ou seja, o respeito pela escolha do paciente não configura omissão de socorro, posto que o que caracteriza o referido ilícito penal, tal como previsto no art. 135 do Código Penal (BRASIL, 1940), é "deixar de prestar assistência", ou seja, a recusa de atendimento, pressuposto este indispensável para a configuração do crime, isso porque, em termos simples: socorrer não é sinônimo de transfundir.

Nesse sentido, o então conselheiro do CREMESP, Doutor Marco Segre, afirmou:

> Não existe, para mim, a obrigação de viver - logo, não será omissão de socorro e sim respeito à individualidade do paciente, deixar de transfundir sangue quando ele não queira, procurando-se todos os recursos técnicos e científicos para proteger sua saúde, sem contrariar a sua vontade expressa. [...] (SEGRE, 1996).

Assim, conferir às diretivas de vontade o cumprimento e valor que elas de fato possuem com a finalidade de garantir a efetivação de direitos constitucionais e princípios bioéticos é medida indispensável para a construção de uma sociedade justa e equilibrada.

4. CONSIDERAÇÕES FINAIS

Conforme se observa, o presente artigo teve por escopo principal abordar o conflito ético-jurídico quanto à recusa à transfusão de sangue por pacientes Testemunhas de Jeová, identificando os fundamentos que justificam tal recusa do procedimento pelos aludidos religiosos.

Cuidou-se ainda de demonstrar que a violação da autonomia de vontade e da liberdade de crença destes pacientes culmina em verdadeira ofensa moral, ética e emocional, gerando um efeito devastador em sua psique.

Conclui-se também que a transfusão de sangue apresenta riscos consideráveis e que devem ser considerados, sendo que, mesmo sem se denominar, há métodos e tratamentos alternativos eficazes em terapia sem sangue.

Verificou-se que os conflitos sócios jurídicos podem ser resolvidos de forma prática e segura, sem ofensa aos princípios, direitos e garantias constitucionais que são os sustentáculos do atual Estado Democrático de Direito. Nesse sentido, buscou-se demonstrar que a dignidade da pessoa humana se traduz num binômio de autonomia de vontade e liberdade religiosa, sendo imperioso destacar que não se trata de choque desses princípios quando na ponderação desses valores em julgamentos, devendo-se aplicar a autonomia da vontade, traduzida pela recusa motivada.

Ressaltamos os requisitos necessários para ser considerada a manifestação de vontade de forma legítima, sendo que o documento que os pacientes Testemunhas de Jeová carregam consigo, em especial seu conteúdo, é servido de manifesta legalidade e validade jurídica, devendo, portanto, ser aceito por médicos e, ainda, pelo próprio Judiciário.

Por fim, destacou-se que com fundamento numa vontade livre, genuína e informada, o que não é tema desconhecido dentro do direito, o paciente Testemunha de Jeová ao tomar a decisão que implica na recusa por tratamentos que envolvam transfusões de sangue, detém total conhecimento quanto às consequências que a recusa do tratamento (com sangue) possa, eventualmente, trazer à sua vida.

REFERÊNCIAS

Associação Torre de Vigia de Bíblias e Tratados. *Contate representantes da Comissão de Ligação com Hospitais em seu país. É um serviço gratuito e está disponível 24 horas por dia para profissionais da área médica que tratam pacientes Testemunhas de Jeová.* Disponível em: < https://www.jw.org/pt/biblioteca-medica/contatos-comissao-ligacao-hospitais-colih/brasil>. Acesso em 02 de julho de 2022.

AZEVEDO. Álvaro Villaça. *Autonomia do Paciente e Direito de Escolha de Tratamento Médico Sem Transfusão de Sangue Mediante os Atuais Preceitos Civis e Constitucionais Brasileiros.* Atualizado Conforme o Novo Código de Ética/2009. Parecer. Ano 2010.

BÍBLIA. Português. *Bíblia Sagrada.* Tradução do Novo Mundo das Escrituras Sagradas. São Paulo: Associação Torre de Vigia de Bíblias e Tratados, 2015.

BEAUCHAMP TL, Childress JF. *Princípios de Ética Biomédica.* 1ª edição. Oxford: Oxford University Press; 1979.

BRASIL. Agência Nacional de Vigilância Sanitária. *Hemovigilância: Manual técnico para investigação das reações transfusionais imediatas e tardias não infecciosas* / Agência Nacional de Vigilância Sanitária. - Brasília: ANVISA, 2007.

———. *Código Civil, Lei 10.406, de 10 de janeiro de 2002.* 1a edição. São Paulo: Revista dos Tribunais, 2002.

———. *Código Penal. Decreto-Lei nº 2.848, de 7 dezembro de 1940.* Vade Mecum Saraiva. Ed. Saraiva. 2013

———. *Constituição (1988) Constituição da República Federativa do Brasil.* Brasília, DF, Senado,1988. Disponível em <http://www.planalto.gov.br/ccivil_03/ constituicao/ constituicao.htm>. Acessado em 03 de junho de 2022.

———. Ministério da Saúde. *Portaria de Consolidação nº 05.* - Brasília: Ministério da Saúde, 2017.

———. Ministério da Saúde. *Portaria Nº 1.820, de 13 de agosto de 2009. Dispõe sobre os direitos e deveres dos usuários da saúde.* Diário Oficial da União, Brasília, DF, 14 de agosto de 2009.

Conselho Federal de Medicina. *Recomendação CFM nº 1/2016. Dispõe sobre o processo de obtenção de consentimento livre e esclarecido na assistência médica.* 21 de janeiro de 2016. Acesso em 03 de junho de 2022.

Hajjar LA, Auler Júnior JOC. *Estudo prospectivo e randomizado das estratégias liberal e restritiva de transfusão de hemácias em cirurgia cardíaca.* 2010. (Tese de doutorado). Universidade de São Paulo. USP. Disponível em: <http://www.incor.usp.br/news/artigos/2012/Tese_Ludhmila-H ajjar.pdf>. Acesso em 25 de junho de 2022.

HOUAISS, Antônio; VILLAR, Mauro de Salles. *Minidicionário Houaiss de língua portuguesa.* Rio de Janeiro: Objetiva, 2004.

JUNQUEIRA, Sebastião Alves. *Transfusão de sangue e o direito de escolha de tratamento: tempo de mudanças.* Revista do Tribunal Regional Federal da Primeira Região, 01/2010.

MELO, Joyce Ferreira. *Alternativas médicas às transfusões de sangue e suas repercussões em âmbito civil e criminal* / Joyce Ferreira Melo. Fortaleza: ABC Editora, 2007.

MORAES, Alexandre de. *Direitos Humanos Fundamentais.* 8. ed. São Paulo: Atlas, 2007, p. 124. Também admitindo, a partir do art. 5o, VIII, da Constituição, uma escusa genérica de consciência: BUZANELLO, José Carlos.

NERY JÚNIOR, Nelson. *Escolha esclarecida de tratamento médico por pacientes Testemunhas de Jeová: como exercício harmônico de direitos fundamentais.* Atualizado conforme do novo Código de Ética Médica – Resolução CFM 1931/09. Parecer. São Paulo, 22 set. 2009.

ONU. Resolução nº 217. *Declaração Universal dos Direitos Humanos.* Disponível em: <http:// unicrio.org.br/img/DeclU_D_HumanosVersoInternet.pdf.>

SEGRE. Marco. Conselheiro. *Parecer CRMSP*, disponível em: <http://www.portalmedico.org.br/ pareceres/crmsp/pareceres/1996/27278_1996.htm>

TJ/MG – Agr. Inst. n.º 1.0701.07.191519-6/001. 1.ª Câmara Cível, rel. Des. Alberto Vilas Boas, julg. em 14/08/07. Disponível em: <www.tjmg.gov.br> Acessado em 01 de novembro de 2019

YOUTUBE. *Método Alternativo às Transfusões de Sangue.* 2011. Disponível em: <http:// www.youtube.com/watch?v=JHdw1PYbiHs>. Acessado em 03 de junho de 2022.

A REGULARIZAÇÃO DO CONSENTIMENTO NO TESTAMENTO VITAL PARA O USO DE DADOS E MEMÓRIAS DEIXADOS EM REDES SOCIAIS NO PÓS-MORTEM

LALESKA RIGATTO WALDER[1]

INTRODUÇÃO

Ainda carecendo de conceituação consolidada no universo acadêmico, o termo Herança Digital pode causar estranhamento dentro e fora dos círculos de estudiosos. Isso porque, embora o Direito busque sempre regulamentar as posses de âmbito material, na Era Digital este se vê diante de um claro cenário de lacuna frente às posses que deixamos, após o advento da morte, no ambiente virtual. Fotografias, vídeos, textos, dados – enfim, memórias – flutuam na rede mundial de computadores, muitas vezes concentrados no que chamamos de redes sociais.

---

[1] Doutoranda em Direito Constitucional, Mestre em Direitos Humanos e Bacharel em Direito pela Pontifícia Universidade Católica de São Paulo (PUC-SP). Membro Efetivo da Comissão Especial de Bioética e Biodireito e da Comissão Permanente de Direitos Humanos da Ordem dos Advogados do Brasil de São Paulo (OAB-SP). Advogada criminalista e pesquisadora acadêmica (OAB/SP 449322-1).

Entende-se que a Herança Digital é o conjunto de mídias acumulados no ambiente cibernético, sobrevivendo à morte de seu titular, com conteúdo imaterial, privado e virtual. A partir da morte do *de cujus*, pouco se pensa a respeito da destinação desses arquivos por ele deixados, isto é, a sua herança digital, a qual segue sem a devida tutela jurídica. Entretanto, indiscutível o interesse social na abordagem do tema, uma vez que nos encontramos cada vez mais imersos à eternalização de nossas memórias na internet. O direito ao esquecimento e a possível comercialização da identidade virtual na perspectiva póstuma são aspectos relevantes que demonstram a relevância acadêmica acerca do assunto.

A figura do consentimento – aqui consagrada dentro da matéria do direito de personalidade –, passa despercebida frente a inúmeras transformações tecnológicas; inovações essas que, muitas vezes, podem surgir através de empresas que buscam transformar tais dados em bens patrimoniais, denotando o interesse econômico na utilização do legado virtual do falecido. Através da comercialização do luto, ou no endossamento do mito da imortalidade, esse acervo digital pode se tornar moeda de troca entre familiares, empresas ou até mesmo para os próprios desenvolvedores de tais redes sociais.

Desta feita, os objetivos específicos desse artigo são: a) Descrever sobre o desenvolvimento e funcionamento da rede mundial de computadores, das redes sociais e das informações armazenadas em forma digital, com ênfase no direito da personalidade no *pós-mortem*; e b) Examinar, à luz da legislação brasileira e dos preceitos da Bioética, a inserção de cláusula específica no Testamento Vital que regule o destino e uso da herança digital, utilizando-se como base o Marco Civil da Internet (Lei nº 12.965/2014) e a Lei Geral de Proteção de Dados Pessoais (Lei nº 13.709/2018).

Quanto à metodologia, entende-se que, o trabalho se enquadra no método hipotético-dedutivo, consistindo em pesquisa teórica e quantitativa, com parâmetro descritivo e comparativo, baseado em registros bibliográficos e documentos legais.

1. DIMENSÕES DO DIREITO DE PERSONALIDADE FRENTE A NOVAS TECNOLOGIAS NO PÓS-MORTEM

1.1. A REVOLUÇÃO DIGITAL E O PROCESSO DE MIDIATIZAÇÃO DA MEMÓRIA NA REDE MUNDIAL DE COMPUTADORES

Difícil estabelecer com exatidão o surgimento da Internet, isso porque existem discussões contravertidas acerca de sua origem primária no curso da História. Conclui-se, geralmente, que o seu primeiro registro ocorreu na década de 1960, através dos denominados *packet switched* – em português "comutações de pacotes" – técnica de transmissão de mensagens na qual pequenas unidades de informação (pacotes) eram enviadas através das estações da rede pelo melhor percurso disponível (ROHRMANN, 2005).

Mais precisamente no ano de 1969 o sistema de telecomunicações ganhou autonomia, garantindo um método de redes conexas denominado Internet – isto é, *Inter Networking*. Em breve síntese, trata-se da ligação por meio de redes locais distantes, as quais, por sua vez, transmitem mensagens entre remanescentes cidades coligadas. Tal transformação ocorreu, primordialmente, para que a comunicação não fosse interrompida caso houvesse um ataque nuclear russo no curso da Guerra Fria (PAESANI, 2014).

Contudo, a efetiva consolidação de um ambiente virtual para dados e registros de memória ocorreu, primeiramente, através da criação e popularização da *World Wide Web* (WWW). Tal ferramenta permitiu o tráfego fluído de documentos, imagens e sons pela rede, capaz de manipular interfaces gráficas, tornando a comunicação de dados pela Internet mais acessível e rápida (ROHRMANN, 2005).

Para Lemos (2003), este momento é caracterizado pela cibercultura[2], que se consolidou entre as décadas de 1980 e 1990 com a informática de massa e a popularização da Internet. Desta feita, é na *World Wide Web* (em português, rede de alcance mundial) que os documentos – na forma de vídeos, sons, hipertextos e imagens – podem ser armazenados e consultados, utilizando-se um programa de computador denominado navegador (como Internet Explorer, Google Chrome, Mozilla Firefox, Microsoft Edge, Opera etc.). O usuário (utilizador) pode então seguir as hiperligações na página para outros documentos ou enviar informações de volta para o servidor para interagir com ele, baixando o conteúdo disponibilizado. O ato de seguir hiperligações é, comumente, chamado "navegar" ou "surfar" na *Web*.

O segundo elemento que influenciou a consolidação de um cenário cibernético foi o surgimento dos provedores de acesso, isto é, empresas que possibilitavam (e comercializavam) o acesso à Internet ao redor do mundo. Para além da criação das ferramentas de navegação, necessitava-se de um recurso que permitisse a conexão necessária para o acesso aos sítios. Isto posto, os provedores de acesso são conhecidos como (ISPS), abreviação do termo inglês *Internet Service Providers*, que significa, assim: fornecedores de acesso à internet (ROHRMANN, 2005).

Logo, tais fatores permitiram que a Internet se expandisse para além do local de seu nascedouro, ampliando-se numa escala planetária, sem limites espaciais ou fronteiras físicas. A revolução midiática desencadeou na revolução comportamental, uma vez que sociedade se encontrou imersa a uma rede mundial de computadores, ambiente que concedeu o

---

[2] Para Lemos (2003) a **cibercultura** pode ser entendida como o fenômeno no qual o conceito de mídia extrapola o mundo atômico ou analógico. Não se trata mais de um mero meio de transmissão, mas vários sistemas que viabilizam o compartilhamento de infinitas fontes de informação, nos mais diversos códigos, e em formas distintas de comunicação: uni, bi e/ou multidirecional.

acesso ao conhecimento – por meio de informações armazenadas – de forma (quase) infinita. O funcionamento de uma rede global de comunicações passou a afetar diretamente o dia a dia das pessoas, emergindo novas maneiras de comunicação, afetando o regulamento dos relacionamentos sociais, dos meios de produção e até a forma de pensar e agir (ARAÚJO, 2017).

Surge então, a geração "Y", também conhecida como Geração *On-line*, Geração Internet, Geração Net, Geração Conectada, Nativos Digitais, *Millennials*, dentre outros. Howe e Strauss (1991) estabelecem os anos de 1980 a 2001 para delimitar os nascidos nessa geração "midiatizada". Em um curto espaço de tempo, novas interações surgem, normatizando-se a comunicação estritamente virtual, bem como o compartilhamento de dados e registros na internet – assim, construindo-se o objeto de análise deste artigo, surge a memória virtual.

Henriques e Dodebei (2013), afirmam que o advento das redes sociais foi um fenômeno quase que espontâneo, dado o conjugado e inevitável crescimento da Internet. Com a expansão do ambiente virtual, emergiu-se a necessidade da reformulação de espaços que permitissem interações rápidas e automáticas, bem como locais destinados para expressar sua própria personalidade, criando-se *profiles* (perfis, em português). Os murais das redes sociais – para além da comunicação por meio de recados – serviam agora como uma plataforma dos seus gostos pessoais, uma ramificação da identidade de seus usuários, manifestada (e consequentemente eternalizada) pelo meio cibernético.

O Facebook, em conjunto com o Whatsapp, Twitter e Instagram reúnem em um único espaço basicamente tudo aquilo que as pessoas buscam na internet: comunicação instantânea, notícias, vídeos, compartilhamentos de fotos, fóruns de discussão, publicação de textos, *memes*, jogos, notas, calendário de eventos, aniversários e muito mais (CIRIACO, 2016). Pode-se dizer, portanto, que são nas redes sociais que construímos nossas memórias sociais e, por conta disso, os registros do passado. Nesse sentido, Canavilhas (2004) reforça o poder da Internet em comprimir o tempo: não necessariamente o tempo entre emissão e recepção da mensagem, mas o tempo que configura a memória.

1.2. DIREITO DE PERSONALIDADE, *PÓS-MORTEM* E BENS DIGITAIS

De acordo com Venosa (2013), a personalidade jurídica pode ser entendida como a proteção social da personalidade psíquica de cada indivíduo, com consequências jurídicas perante a sociedade. É igualmente a capacidade jurídica, traduzida na possibilidade de figurar nos polos da relação de Direito. Sendo o ser humano o sujeito da relação jurídica, diz-se que é dotado de personalidade[3].

Nesse sentido, leciona Fábio Ulhôa Coelho (2012) sobre a essencialidade dos direitos de personalidade:

> A partir do fim do século XIX, determinados direitos passaram a ser catalogados como direitos de personalidade. Que são basilares das relações civis, derivados da própria dignidade ínsita ao ser humano, chegando ao ponto de ser proposto que, neles, sujeito e objeto se fundiriam. Sendo assim, **são essenciais, já que não poderiam ser destacados da pessoa do seu titular** (COELHO, 2012, p. 225 – grifo nosso).

Estabelece o art. 11 do Código Civil, que com exceção dos casos previstos em Lei, os direitos de personalidade são intransmissíveis e irrenunciáveis, não sendo possível seu exercício sofrer limitação voluntária[4]. Em sequência, o art. 12

---

3 Art. 1º – Toda pessoa é capaz de direitos e deveres na ordem civil.

Art. 2º – A personalidade civil da pessoa começa do nascimento com vida; mas a lei põe a salvo, desde a concepção, os direitos do nascituro" (BRASIL, 2002).

4 "Art. 11 – Com exceção dos casos previstos em lei, os direitos da personalidade são intransmissíveis e irrenunciáveis, não podendo o seu exercício sofrer limitação voluntária" (BRASIL, 2002).

estabelece que havendo ameaça ou lesão a direitos de personalidade, pode-se exigir que aquelas cessem, reclamando-se perdas e danos, sem o prejuízo de outras sanções previstas em Lei. Se o titular estiver morto, determina-se que a legitimidade passa para o cônjuge sobrevivente, ou qualquer parente em linha reta até o quarto grau[5].

Desta feita, ao serem outorgados a todas as pessoas, simplesmente pelo fato de existirem, possuem a generalidade como característica basilar e são classificados também como direitos extrapatrimoniais, insuscetíveis de avaliação econômica em dinheiro. Assim (COELHO, 2012, p. 245) expõe que "a honra, o nome, a integridade física são atributos não passíveis de precificação. Quando lesados os direitos correspondentes, a vítima terá direito a indenização por dano moral, cuja tradução pecuniária não guarda relação quantitativa com o valor da ofensa".

Os então intitulados extrapatrimoniais[6] são indisponíveis. De acordo com COELHO (2012), ou seja, não podem ser cedidos, onerosa ou gratuitamente. Também não podem ser limitados em seu exercício. Sendo assim, não se transmite, seja por ato entre vivos, seja em razão de sucessão por morte. Em virtude da indisponibilidade, são impenhoráveis, não podem

---

[5] "Art. 12 – Pode-se exigir que cesse a ameaça, ou a lesão, a direito da personalidade, e reclamar perdas e danos, sem prejuízo de outras sanções previstas em lei.

Parágrafo único. Em se tratando de morto, terá legitimação para requerer a medida prevista neste artigo o cônjuge sobrevivente, ou qualquer parente em linha reta, ou colateral até o quarto grau" (BRASIL, 2002).

[6] Não se trata do objeto de estudo, mas uma parcela reduzida dos direitos de personalidade possui natureza patrimonial. Exemplo seria o direito à imagem, que pode ser deduzido em valor financeiro e comercializado em negócio jurídico – de acordo com padrões e critérios reconhecidos e partilhados por publicitários, anunciantes e meios de comunicação etc. Nesse cenário, o direito de personalidade pode possuir caráter patrimonial, se for da vontade de seu titular (COELHO, 2012).

ser objeto de alienação judicial para a satisfação de credor. São igualmente vitalícios.

No tocante da vitaliciedade, o Código Civil brasileiro em seu art. 6º dispõe que a existência das pessoas naturais se extingue com a sua morte[7]. Nesse mesmo sentido, Coelho (2012) disserta que a morte para o Direito não é um fato biológico – isto é, a cessação das funções vitais do ser –, mas uma declaração de que esse fato ocorreu. Logo, declarado o fim da existência da pessoa natural, aos olhos da legislação brasileira entende-se, concomitantemente, que sua personalidade jurídica é extinta.

A expressão "direitos do falecido" só pode ser uma referência à proteção *pós-mortem* de determinados interesses extrapatrimoniais que a pessoa tinha enquanto era viva. Esses são direitos da personalidade que se projetam além da morte do titular (COELHO, 2012). A lei legitima algumas pessoas para a defesa desses direitos, conforme citado anteriormente. São pessoas que, presumivelmente gostariam de ver respeitados os direitos do morto, e por isso a lei lhe dá legitimidade para agir.

Feita essa breve e síntese análise do direito de personalidade no Código Civil, segue-se para a discussão a respeito dos bens digitais. O patrimônio é um instituto bastante discutido no Direito e previsto nos mais diversos diplomas jurídicos, porém os bens digitais ainda carecem de regulamentação, tratando-se de assunto relativamente novo que tende a ser tema de muitos debates juntamente com a herança digital.

Nesse diapasão, Santos (2019, p. 11) conceitua os bens digitais: "(…) são uma espécie de *software* de computador que, como qualquer outro, é transmitido de uma máquina para outra na forma de fluxos de elétrons, denominados *bits*". Isto é, bens digitais são informações armazenadas em lingua-

---

7 "**Art. 6** – A existência da pessoa natural termina com a morte; presume-se esta, quanto aos ausentes, nos casos em que a lei autoriza a abertura de sucessão definitiva" (BRASIL, 2002).

gem binária, em aparelhos tecnológicos como *smartphones*, computadores etc. Assim sendo, os dados e memórias deixados em redes sociais serão tratados aqui como bens digitais e, por consequência, componentes da herança digital de cada indivíduo.

2. PAPEL DA BIOÉTICA NA PROTEÇÃO DA HERANÇA DIGITAL

O Direito, como ferramenta de proteção e garantia dos direitos humanos, também tende a se perder nas transformações da Era Digital. Os direitos inerentes à personalidade, no tocante da *pós-mortem*, consolidam uma realidade muitas vezes esquecida pelo legislador e imprevista no ordenamento jurídico, principalmente quando se encontra inserida no meio tecnológico e virtual (WALDER, 2019).

O armazenamento de dados nas redes sociais muitas vezes passa despercebido pelos seus usuários. Isso porque subentende-se, através do senso comum, que os dados ali produzidos "sumiriam" na teia infinita da Internet. Muito pelo contrário, os dados são armazenados, replicados, e utilizados para fins econômicos que muitas vezes se refletem em anúncios e propagandas na sua tela inicial. Além disso, a partir do aceite do termo de condições do site, quanto mais o usuário interage com o sistema e com as redes sociais, mais informações são coletadas e armazenadas.

Isto posto, são conceituadas três fases no processo de armazenamento de imagem e memórias digitais, sendo elas: a) armazenamento mínimo, àquele correspondente às fotos e locais em que a pessoa realizou o *check-in*, isto é, depende inteiramente da ação fática do usuário no registro de suas ações; b) armazenamento médio, no qual se acrescem padrões de comportamento como consumo (compra e venda na modalidade virtual) e, por consequência, gostos e possíveis preferências; e, por último, c) armazenamento máximo, em que, para além dos exemplos citados, acrescenta-se a colheita de padrões de resposta, voz, *e-mails*, expressões, filosofias de vida, posicionamentos políticos, redes de interação, entre outros. Ou seja, uma cópia quase perfeita e completa do conjunto de características de uma pessoa (FERRAZ; FERNEDA, 2020).

Como previamente mencionado, os bens digitais podem integrar o espólio de uma pessoa, entretanto, ainda não há previsão legal no ordenamento em voga sobre a transmissão de contas virtuais para *softwares* de inteligência artificial, que mimetização o conteúdo ali replicado, com o fim de se tornar a identidade "imortal" no ambiente cibernético. Ainda, indaga-se acerca do direito à imagem da pessoa falecida, já que a eventual utilização de dados pessoais no *pós-mortem*, e a possibilidade de reprodução de um "avatar" virtual do *de cujus*, podem representar aspectos da personalidade e imagem, tratando-se de bens passíveis de violações.

Zizek (2013) aborda o tocante das práticas de memorialização e conservação de perfis e informações dos usuários falecidos – denominados pelo autor como "cemitérios virtuais":

"[...] o alívio que sentimos flutuando no livremente no ciberespaço (ou, até mais, na Realidade Virtual) não são a experiência de estar sem corpo, mas a experiência de possuir outro corpo – etéreo, virtual, sem peso –, um corpo que não nos confina à materialidade inerte e à finitude, um corpo espectral angélico, um corpo que pode ser recriado e manipulado artificialmente" (ZIZEK, 2013, p. 78).

Sendo assim, seria o direito da privacidade aos dados virtuais no *pós-mortem* uma extensão da personalidade civil do sujeito falecido ou um direito cuja titularidade deve ser transferida para outras pessoas? A herança digital deve ser vista como parte do rol dos direitos sucessórios? Se não, como devemos adequar essa nova realidade à prática testamentária? E, principalmente: qual é o papel da Bioética e do Biodireito nesse cenário?

A lacuna normativa é tão evidente que algumas empresas se utilizam de métodos de autorregulação a respeito do acervo digital deixado em suas redes sociais.

O Facebook, por exemplo, dispõe de alternativas como a retirada de seu conteúdo ou a permissão de acesso a contatos herdeiros, possibilitando que seus usuários escolham a finalidade de seus dados após sua morte. O perfil pode, inclusive, virar um memorial coletivo, cuja titularidade permanece dividida entre os desenvolvedores do *site* e os contatos herdeiros previamente selecionados.

Contudo, o acesso por herdeiros ou testamenteiros às redes e demais dados pessoais do usuário falecido implicam em problemáticas mais complexas: qual é o limite de autonomia de uso? Até quando, numa perspectiva temporal, aqueles dados refletem a identidade do indivíduo? Cabe a nós preservarmos identidades paradas no tempo, tal qual espécimes em museus, frente a alterações sociais que poderiam, inclusive, modificar perspectivas e traços de personalidade? Após a morte do herdeiro, quem passa a ser o titular dessa conta póstuma? E, ainda, a narrativa do eu nas redes sociais realmente reflete o que somos fora do ambiente virtual, em nossa essencialidade?

Na atualidade existem aplicativos moldados em *softwares* de inteligência artificial com base em dados e memórias deixadas em redes sociais, com o objetivo de recriar personalidades de indivíduos atestadamente mortos. Exemplos são

DeadSocial[8] ETER9[9], Eterni.me[10], Replika[11], e muitos outros. Nesse sentido, reforça-se o problema da falta de regularização do tema: a comercialização de réplicas de nossas memórias paradas no tempo é, atualmente, decisão pautada na vontade de terceiros – isto é, familiares e/ou herdeiros. Por vezes, não reflete a decisão que a pessoa teria em vida. Reflete, em muitos casos, na realidade, negação ao luto e resistência à compreensão da finitude da vida.

Há que se falar, ainda, na motivação obscura por trás da comercialização das memórias deixadas no ambiente virtual. Sabe-se que, sobretudo, memórias virtuais são dados. Dados, na Era da Informação, são a moeda de troca mais relevante para o alcance do lucro no universo capitalista. Quando fazemos pesquisas em serviços de busca, ou ao clicar em anúncios de vendas em redes sociais, até mesmo quando abrimos

[8] A título de exemplo, o aplicativo **DeadSocial** possibilita que seu usuário construa um legado digital contendo todas as suas mídias sociais antes mesmo de sua morte, concedendo a opção de deixar mensagens para gerações futuras, e, por fim, mantendo a titularidade de sua conta (DeadSocial, s.d.).

[9] Em síntese, o aplicativo **ETER9** permite que, ainda que na ausência do usuário titular, seres virtuais publiquem, comentem e interajam com base na inteligência do usuário. Assim, quanto maior a interação cotidiana com a rede social, mais seus mecanismos irão mimetizar a personalidade do usuário por meio da IA (ETER9, s.d.).

[10] Assim como os anteriormente citados, o **Eterni.me**, tem por finalidade preservar os pensamentos, histórias e memórias mais importantes do usuário, através da conexão das contas de redes sociais e, também, por *upload* de dados dos próprios indivíduos. Logo, num contexto *pós-mortem*, as pessoas poderão interagir com as memórias armazenadas, que sintetizarão um avatar digital próprio (Eterni.me, s.d.).

[11] O aplicativo **Replika** exerce a função de um *chat booth* no celular, funcionando como um diário no qual o usuário detalha seu dia exemplificando o cotidiano, gostos pessoais e ações semanais e recebe respostas programadas. Ele serve como uma ferramenta de armazenamento futuro, para que o conteúdo guardado se replique num *software* de inteligência artificial. Funcionando, desta feita, de forma autônoma num cenário *pós-mortem* (Replika, s.d.).

links de matérias jornalísticas sobre roteiros de viagem: deixam-se rastros. Os rastros, aqui entendidos como dados de preferência, são marcados na teia virtual da Internet que molda e compreende nossos interesses – seja por meio de *clicks*, *likes*, comentários ou postagens compartilhadas.

No tocante da legislação pertinente sobre o tema, temos o Marco Civil da Internet (Lei n° 12.965/2014) e a Lei Geral de Proteção de Dados Pessoais (Lei n° 13.709/2018). O primeiro tratou-se de ferramenta primordial para a disposição de princípios[12] que disciplinam o uso da Internet no Brasil. Assim, a partir do decreto 4.829 de 03/09/2003, foi criado o Comitê Gestor da Internet no Brasil (CGI.br).

O CCGI possui um papel importante para a viabilização dos princípios citados, haja visto que se trata de órgão fiscalizador e regulamentador do ambiente cibernético, responsável por realizar estudos, debates e promover resoluções e orientações sobre a utilização da Internet. No entanto, tais resoluções e orientações bem como as demais normas previstas não são suficientes para esgotarem os inúmeros casos concretos que surgem acerca do uso da Internet, fazendo-se necessária a criação de normas mais específicas como é o caso do tema

---

[12] "Art. 3° [...]

I - garantia da liberdade de expressão, comunicação e manifestação de pensamento, nos termos da Constituição Federal;

II - proteção da privacidade;

III - proteção dos dados pessoais, na forma da lei;

IV - preservação e garantia da neutralidade de rede;

V - preservação da estabilidade, segurança e funcionalidade da rede, por meio de medidas técnicas compatíveis com os padrões internacionais e pelo estímulo ao uso de boas práticas;

VI - responsabilização dos agentes de acordo com suas atividades, nos termos da lei;

VII - preservação da natureza participativa da rede;

VIII - liberdade dos modelos de negócios promovidos na internet, desde que não conflitem com os demais princípios estabelecidos nesta Lei" (BRASIL, 2014).

objeto do presente trabalho – isto é, a herança digital e o uso de dados pessoais no *pós-mortem*.

Por sua vez, a Lei Geral de Proteção de Dados Pessoais (Lei nº 13.709/18) advém com a oportunidade de gerar responsabilizações pertinentes às empresas brasileiras no tocante do armazenamento e da utilização de dados na Internet, obrigando os entes a pensarem em valores como privacidade e consentimento. Pode-se dizer, ainda, que o advento da Lei surgiu como um *marketing* positivo, revendo modelos de negócios que já não cabiam mais na Era Digital.

O dispositivo se fundamenta em diversos valores, como o respeito à privacidade; à autodeterminação informativa; à liberdade de expressão, de informação, de comunicação e de opinião; à inviolabilidade da intimidade, da honra e da imagem; ao desenvolvimento econômico e tecnológico e a inovação; à livre iniciativa, livre concorrência e defesa do consumidor e aos direitos humanos liberdade e dignidade das pessoas. Ainda assim, a legislação em tela não fala acerca de práticas testamentárias, tampouco menciona a possibilidade de inserção de cláusulas específicas que regulem o uso de dados e memórias após a morte na figura do Testamento Vital.

No tocante da Herança Digital, existem projetos que tem o objetivo de aperfeiçoar o Marco Civil da Internet, dispondo como devem ser tratados os arquivos no *pós-mortem*: os Projetos de Lei nº 4.099/2012 e nº 4.847/2012, que têm o intuito de incluir ao Código Civil a Herança Digital e o Projeto de Lei nº 7.742/2017, que pretende agregar à Lei Marco Civil da Internet disposições referentes aos arquivos digitais deixados pelo *de cujus*.

3. CONSIDERAÇÕES FINAIS

As memórias deixadas nas redes sociais são, em sua essência, dados comercializáveis na perspectiva capitalista. Dados esses que consolidam uma fonte de identidade – os *avatares*.

O interesse econômico em imortalizar o material deixado em redes sociais é, em tese, multifacetado. Pode surgir com o intuito de suprir uma lacuna afetiva para famílias em negação ao luto, tal qual servir como base para solidificar o mito da imortalidade, construindo versões "vivas" em forma de inteligência artificial de uma versão que, organicamente, não existe mais. Tais propostas podem parecer sedutoras, ainda mais imersas em uma sociedade orientada pelo consumo, onde o processo de midiatização das memórias é tão frequente.

E onde fica o consentimento nisso tudo? Quiçá naquele documento de letras miúdas que você não leu, concordando com os termos ao criar uma conta na nova rede social do momento? Ou talvez nem isso. Vivemos em uma sociedade que, para além dos interesses financeiros, rejeita a condição da finitude do homem. E como não sonhar com uma imortalidade sem limites fronteiriços? Uma imortalidade naquilo que ainda não entendemos, mas sonhamos; a chamada "nuvem"? Para que aceitar a terminalidade da vida, quando podemos viver a partir de nossas memórias deixadas nas redes sociais? E, quando falamos em terceiros, por que não imortalizar aquele ente querido o qual nunca foi consultado para isso?

São muitas perguntas e poucas respostas. Isso porque o Direito ainda não dialoga com a ideal de interseccionalidade que deveria seguir. Para se abordar esse tema, não bastam criações de ferramentas legais ou discussões na temática do direito testamentário; temos de fomentar interseções com outras áreas das Humanidades, como a Psicologia, a Sociologia e a Antropologia. Aqui, com uma importância ainda maior, imprescindível se faz atuação da Bioética.

Dito isso, inquestionável o papel da Bioética e do Biodireito na regularização dessas lacunas deixadas pelo Direito com o transcorrer das inovações tecnológicas. Mais do que necessário, se faz urgente que o Testamento Vital seja uma ferramenta capaz de englobar todas as manifestações de vontade pertinentes ao cenário social em voga.

Na figura de engenheiros de *software*, é necessário se mentalizar que, ao possibilitar a criação de "vida" em um sistema algorítmico, há que se projetar igualmente a figura de sua "morte". Pouco se pensa a respeito do falecimento dos usuários nas redes sociais. Ou, quando previsto, seus administradores tendem a criar mecanismos de autorregulação que, na maioria dos casos, buscam o auto favorecimento das próprias redes sociais. Isso depende, entre outros fatores, de como o sistema é projetado e de como o usuário se comporta frente as possíveis configurações dos sistemas.

Se estamos falando da Era Digital, há de se preocupar com os dados e memórias deixados nas redes sociais e, muitas vezes, eternalizados na Internet para fins espúrios. Fundamental a inserção de cláusulas especiais para figurar o consentimento do uso dessas memórias, regulando-se não somente a possibilidade de utilizá-las, bem como a intenção de monetizá-las – se assim for a vontade do *de cujus*.

Não se deve antever, seja em razão de aspectos culturais ou expectativas afetivo-familiares, que a herança virtual é presumidamente sucessória. Muito pelo contrário, deve-se, sempre, pressupor que ela não o é – a não ser que configure registro em vida, idealmente na ferramenta do Testamento Vital.

REFERÊNCIAS

ARAÚJO, Marcelo Barreto de. *Comércio eletrônico; Marco Civil da Internet; Direito Digital*. Rio de janeiro: Confederação Nacional do Comércio de Bens, Serviços e Turismo, 2017.

BRASIL. Câmara dos Deputados. *Projeto de Lei 4847/2012. Acrescenta o Capítulo II-A e os arts. 1.797-A a 1.797-C à Lei nº 10.406, de 10 de janeiro de 2002*. Disponível em: <https://www.camara.leg.br/proposicoesWeb/prop_mostrarintegra?codteor=1049733&filename=PL+4847/2012>. Acesso em: 02 jul. 2022.

BRASIL. Câmara dos Deputados. *Projeto de Lei 7742/2017. Acrescenta o art. 10-A à Lei nº 12.965, de 23 de abril de 2014 (Marco Civil da Internet), a fim de dispor sobre a destinação das contas de aplicações de internet após a morte de seu titular*. Disponível em: <https://www.camara.leg.

br/proposicoesWeb/prop_mostrarintegra?codteor=1564285&filename=PL+7742/2017>. Acesso em: 02 jul. 2022.

BRASIL. Câmara dos Deputados. *Projeto de Lei 8562/2017. Acrescenta o Capítulo II-A e os arts. 1.797-A a 1.797-C à Lei n° 10.406, de 10 de janeiro de 2002*. Disponível em: <https://www.camara.leg.br/proposicoesWeb/prop_mostrarintegra?codteor=1596819&filename=PL+8562/2017>. Acesso em: 02 jul. 2022.

BRASIL. Lei n° 10.406, de 10 de janeiro de 2002 (Código Civil). *Diário Oficial da União*, Brasília/DF, 10 jan. 2002. Disponível em: <http://www.planalto.gov.br/ccivil_03/leis/2002/L10406.html>. Acesso em: 02 jul. 2022.

BRASIL. Lei n° 12.965/14, de 23 de abril de 2014. Estabelece princípios, garantias, direitos e deveres para o uso da Internet no Brasil (Marco Civil da Internet). *Diário Oficial da União*, Brasília/DF, 23 abr. 2014. Disponível em: <http://www.planalto.gov.br/ccivil_03/_ato2011-2014/2014/lei/l12965.htm>. Acesso em: 02 jul. 2022.

BRASIL. Lei n° 13.709, de 14 de agosto de 2018 (Lei Geral de Proteção de Dados – LGPD). *Diário Oficial da União*, Brasília/DF, 14 ag. 2018. Disponível em: <http://www.planalto.gov.br/ccivil_03/_ato2015-2018/2018/lei/l13709.ht>. Acesso em: 02 jul. 2022.

CANAVILHAS, João. A internet como memória. *BOCC – Biblioteca Online de Ciências da Comunicação*, 2004. Disponível em: <http://www.bocc.ubi.pt/pag/canavilhas-joao-internet-como-memoria.pdf>. Acesso em: 02 jul. 2022.

CASTELLS, Manuel. *A sociedade em rede. A era da informação, economia, sociedade e cultura*. São Paulo: Paz e Terra, 1999.

CIRIACO, Douglas. ICQ, Orkut e além: Uma história das redes sociais. Matéria jornalística. *Canaltech*, 2016. Disponível em: <https://canaltech.com.br/redes-sociais/dia-das-midias-sociais-historia-e-evolucao-aservico-da-comunicacao-71615/>. Acesso em: 02 jul. 2022.

COELHO, Fábio Ulhoa. *Curso de Direito Civil: parte geral, volume 1*. 5. ed. São Paulo: Saraiva, 2012.

DEADSOCIAL. *Digital Legacy Management*. Disponível em: <http://deadsocial.org/about>. Acesso em: 02 jul. 2022.

ETER9. *Living Cyberspace*. Disponível em: <https://www.eter9.com/auth/login>. Acesso em: 02 jul. 2022.

ETERNI.ME. *Who wants to live forever?* Disponível em: <http://eterni.me/>. Acesso em: 02 jul. 2022.

FERRAZ, Miriam Olivia Knopik; FERNEDA, Ariê Scherreier. A sucessão do direito à imagem e à memória digital: entre a realidade e a metaficção em "Be Right Back". *ANAMORPHOSIS – Revista Internacional de Direito e Literatura*. Porto Alegre, v. 6, n. 2, p. 645–665, 2020. DOI: 10.21119/anamps.62.645-665. Disponível em: <https://periodicos.rdl.org.br/anamps/article/view/596>. Acesso em: 02 jul. 2022.

HENRIQUES, Rosali Maria Nunes; DODEBEI, Vera. A virtualização da memória no facebook. *Ces Revista*. Juiz de Fora, vol. 27, n. 01, p. 257-270, 2013. Disponível em: <https://seer.uniacademia.edu.br/index.php/cesRevista/article/view/321/pdf_34>. Acesso em: 02 jul. 2022.

HOWE, Neil; STRAUSS, William. *Generations: the history of America's future, 1584 to 2069*. New York: Morrow, 1991.

LEMOS, André. Cibercultura: alguns pontos para compreender a nossa época. In: LEMOS, André; CUNHA, Paulo. (Org.). *Olhares sobre a cibercultura*. Porto Alegre: Sulina, 2003.

PAESANI, Liliana Minardi. *Direito e internet: liberdade de informação, privacidade e responsabilidade civil*. 7ª ed. São Paulo: Atlas, 2014.

REPLIKA. *The AI companion who cares*. Disponível em: <https://replika.com/>. Acesso em: 02 jul. 2022.

ROHRMANN, Carlos Alberto. *Curso de Direito Virtual*. Belo Horizonte: Del Rey, 2005.

SANTOS, Bruno Damasceno Ferreira. Bem digital – natureza e regime jurídico do objeto do comércio eletrônico on-line. *Conteúdo Jurídico*. Brasília, 2019. Disponível em: <https://conteudojuridico.com.br/consulta/Artigos/39450/bem-digital-natureza-e-regime-juridico-do-objeto-do-comercio-eletronico-on-line>. Acesso em: 02 jul. 2022.

VENOSA, Sílvio de Salvo. *Direito Civil: Parte Geral*. 13ª Ed. São Paulo: Atlas, 2013.

WALDER, Laleska Rigatto. *Be Right Back* – a incidência do direito no pósmortem e o reflexo obscuro da sociedade digital. *Revista Fronteiras Interdisciplinares do Direito*. São Paulo, vol. 01, n. 01, p. 152-177, 2019. DOI: https://doi.org/10.23925/2596-3333.2019v1i1a9. Disponível em: <https://revistas.pucsp.br/index.php/fid/article/view/42024/28470>. Acesso em: 02 jul. 2022.

ZIZEK, Slavoj. *O amor impiedoso (ou: Sobre a crença)*. Tradução Lucas Mello Carvalho Ribeiro. Belo Horizonte: Autêntica, 2013.

TERMO DE CONSENTIMENTO NA PRÁTICA CLÍNICA AMBULATORIAL E CIRÚRGICA

MARCELLA MENHA CADETE[1]
MÁIRA A. COLLANGE[2]

INTRODUÇÃO

Nos últimos anos, o termo de consentimento não apenas desenvolveu lugar próprio e de destaque na doutrina e na jurisprudência, mas ganhou destaque no dia a dia dos consultórios, clínicas e hospitais. O consentimento informado é hoje objeto de contínuo e crescente estudo, uma vez que anda de mãos dadas com a ciência em sua constante e acelerada evolução.

Se há décadas observávamos termos de consentimento apenas em âmbito de pesquisa científica ou grandes procedimentos cirúrgicos, hoje este instrumento está presente em diversos atos da prática clínica. E o vemos das mais variadas formas, desde instrumentos simples que esclarecem discretos riscos e benefícios do uso de um medicamento já amplamente estudado pela ciência à termos extensos que se aprofundam em procedimentos complexos e inovadores dotados do potencial de amplos riscos e benefícios.

---

[1] Advogada, bacharela pela Universidade Presbiteriana Mackenzie, consultora bilingue em relacionamento com clientes, membro do sistema CEP/CONEP qualificada para análise ética de Pesquisas em Seres Humanos pelo MS/CNS/CONEP.

[2] Advogada, Pós Graduada em Direito do Trabalho, gestora em saúde e administradora.

1. DEFINIÇÃO

O termo de consentimento é a manifestação de vontade do paciente, livre de qualquer coerção, sobre um determinado cuidado em relação à sua saúde, após ter sido informado de forma clara, acessível, completa e detalhada, sobre todos os aspectos, riscos e benefícios inerentes à intervenção.

O direito à informação do paciente lhe trouxe ao centro da relação e lhe permitiu conhecer seu diagnóstico, prognóstico e tratamentos possíveis com riscos e benefícios associados. Sua autodeterminação é efetivada e formalizada de forma voluntária e livre através do termo de consentimento pelo qual o paciente escolhe submeter-se a dada intervenção, ciente dos bônus e ônus que lhe são inerentes.

Observando a história do biodireito, o consentimento do paciente consiste em um ato biojurídico relativamente recente e vem adquirindo notável importância, primeiramente pelo reconhecimento amplo da autonomia e autodeterminação individual, mas também pela passagem do modelo vertical ao modelo horizontal na relação entre médico e paciente.

2. PREVISÕES NORMATIVAS SOBRE O CONSENTIMENTO INFORMADO

Até o presente momento, não há lei federal que trate especificamente do Termo de Consentimento como negócio biojurídico.

O Código Civil, em seu art. 15, prevê que o tratamento de saúde ou a intervenção cirúrgica não podem ser impostos ao paciente. A Lei Orgânica da Saúde (Lei 8.080/90) estabelece que as ações e serviços da saúde, públicos e privados, devem preservar a "autonomia das pessoas na defesa e sua integridade física e moral" (art.7º, III).

Há referências diretas também em regras de *soft law*. Destaca-se o Código de Ética Médica (Res. CFM 2.217/18), que prevê que o médico não pode "deixar de obter consentimento do paciente ou de seu representante legal após esclarecê-lo sobre o procedimento a ser realizado, salvo em caso de risco iminente de morte" (art. 22).

Não obstante, o Código de Ética Médica também preconiza que o médico deve "garantir ao paciente o exercício do direito de decidir livremente sobre sua pessoa ou seu bem-estar", não podendo "exercer sua autoridade para limitá-lo" (art. 24).

3. A RELAÇÃO MÉDICO-PACIENTE E O DEVER DE INFORMAR

Via de regra, a relação médico-paciente constitui um contrato, ainda que verbal, que traz em si direitos e obrigações às partes.

Uma das obrigações que o médico contrai nessa relação se refere ao dever de informar o paciente de forma ampla e completa acerca do seu quadro, informando os benefícios e riscos dos tratamentos possíveis, bem como as consequências da inação.

O termo de consentimento materializa o dever de informar advindo da relação médico paciente e, se bem elaborado, terá o condão de validar a tomada de decisão, bem como evitar transtornos disciplinares e jurídicos ao médico. E, embora não tenha uma forma pré-estabelecida, inclusive admitindo-se forma gravada em áudio ou vídeo, é recomendado que seja elaborado em documento formal.

Um ponto que merece destaque nesse estudo se refere à natureza da atuação médica em relação ao paciente. Embora conste do Código de Ética Médica que a natureza personalíssima da atuação profissional do médico não caracteriza consumo, os tribunais vêm adotando o posicionamento de que essa relação é pautada pelo Código de Defesa do Consumidor.

De tal modo, é importante ressaltar que o art. 6º, I e o art. 14, ambos do CDC, caracterizam uma responsabilidade objetiva do médico no dever de informar. Assim, o médico que não se desincumbir do dever de informar corretamente, comete ato ilícito civil, podendo responder judicialmente pela reparação de danos, além da responsabilização por infração administrativa junto ao Conselho de Medicina.

4. O TERMO DE CONSENTIMENTO SOB A PERSPECTIVA JURISDICIONAL: AUSÊNCIA DE TERMO DE CONSENTIMENTO E *BLANKET CONSENT*

O termo de consentimento livre e esclarecido decorre do dever do profissional de saúde de informar, bem como do direito do paciente de exercer sua autonomia e autodeterminar-se. Deste modo, o processo de consentimento e sua documentação não deveria ser visto como um ato meramente burocrático e desgastante, mas como uma etapa imprescindível da comunicação entre o profissional da saúde e seu paciente.

Outrossim, além da relevância do ato sob o olhar da ética, há de se falar da relevância jurídica do termo de consentimento no tocante à judicialização da saúde. Trata-se, pois, de instrumento de guarda das decorrências da responsabilidade civil do médico, consistindo assim em um meio de resguardar-se do dever de indenizar.

Esclareça-se que, embora a judicialização da saúde seja um fenômeno de elevada complexidade que comtempla uma miríade de assuntos diversos e dificuldade no estabelecimento entre causas e efeitos, é cediço que um número elevado de demandas decorre da ineficiência do processo informativo e consentimento do paciente.

Vale ressaltar que a jurisprudência está consolidada sobre a invalidade do termo de consentimento genérico, também conhecido como *blanket consent,* pareado aos olhos jurisdicionais a um contrato de adesão. Desta maneira, o termo amplo e inespecífico elaborado por serviços de saúde que habitualmente é cedido aos profissionais e pacientes, está longe de ser suficiente.

O *blanket consent* acarreta, primeiramente, grave prejuízo ao indivíduo enquanto paciente, que vê seu direito à informação lesado e autonomia tolhida. Do outro lado, acarreta prejuízo também ao médico, que por vezes considerava-se seguro diante da suposta proteção jurídica que decorreria do termo, mas vê-se no dever de indenizar não por erro médico decorrente de imprudência, negligência ou imperícia, mas pela falha no dever de informar.

Assim, reitere-se sobre o termo de consentimento genérico que, se de um lado este tipo de termo é ineficaz no propósito de informar e esclarecer o paciente para que se autodetermine dentro de padrões que atendam à sua autonomia e dignidade, de outro lado, é também ineficiente para proteger o médico de incorrer em responsabilização por falha no dever de informar.

5. REQUISITOS BÁSICOS DO TERMO DE CONSENTIMENTO INFORMADO

Embora não haja uma norma trazendo requisitos taxativos para a elaboração do termo de consentimento informado, alguns parâmetros devem ser prezados, especialmente considerando-se a Recomendação Nº 1/2016 do Conselho Federal de Medicina.

Deste modo, o termo de consentimento deve contemplar com clareza os assuntos abordados e acordados na discussão entre o médico e paciente ou representante legal. O termo não pode ser um elemento isolado, mas consistir na formalização de uma conversa prévia detalhada, esclarecedora, transparente, verdadeira e fiel aos fatos, sem mascaramentos ou atenuações, do profissional com seu paciente, garantindo sua autonomia consciente.

Deverá também valer-se de uma linguagem acessível, clara e personalizada para o público típico da intervenção. As palavras utilizadas devem visar o entendimento por parte de uma pessoa leiga e levar em consideração a condição cognitiva e cultural de cada paciente. O profissional deve evitar termos técnicos e elaborar um documento específico para cada intervenção que habitualmente desempenha em sua prática clínica.

O termo deve estar redigido na primeira pessoa do singular (eu) referindo-se ao próprio indivíduo ou ao seu representante legal. Entende-se recomendável também que o preâmbulo do termo de consentimento sempre justifique a escolha da conduta indicada. E, ressalte-se, deve ser concedido ao paciente um prazo razoável que lhe permita reflexão, para que possa exercer sua análise e esclarecer dúvidas com o profissional.

Cumpre esclarecer que não basta, para a boa elaboração de um termo de consentimento livre e esclarecido, apenas um raciocínio jurídico para descrição de informações. Para a proteção efetiva do direito à autodeterminação do paciente e cumprimento do dever de informar, há que se desenvolver um raciocínio clínico para cada intervenção, sendo este colocado de modo claro e acessível à linguagem do paciente no termo de consentimento.

6. TERMO DE CONSENTIMENTO EM PROCEDIMENTOS CIRÚRGICOS

6.1. PARÂMETROS GERAIS

Na prática cirúrgica, é comum médico e paciente adotarem o Termo de Consentimento cedido pelo hospital. No entanto, como já supramencionado, o termo genérico não tem relevância sob a perspectiva jurisdicional, sendo interpretado como um ato jurídico não individualizado e de mera adesão.

Assim, faz-se necessário que o cirurgião tenha um termo individualizado para cada tipo de procedimento cirúrgico que venha a desempenhar, a fim não apenas de cumprir com seu dever de informar, mas também objetivando proteger-se em eventual demanda judicial.

Tal documento deverá conter todas as informações referentes aos benefícios e riscos inerentes à cirurgia, esclarecendo em linguagem acessível todos os aspectos relacionados ao procedimento.

Deverá constar o diagnóstico do paciente e prognóstico atrelado aquele quadro de saúde, explicitando as razões pelas quais a intervenção proposta é a indicada para aquele caso concreto, justificando, assim, a pertinência da conduta médica ou odontológica escolhida para o paciente. Tal fundamentação visa trazer pleno conhecimento ao paciente sobre todos as condições que ligam o quadro de saúde ao procedimento a que irá se submeter, de modo que caracterize que o médico cumpriu plenamente o dever de informar.

Ressalte-se que o termo deve ser concedido ao paciente em tempo razoável para que o paciente possa refletir com cautela sobre a conduta a qual se submeterá, a fim de que possa exercer sua autodeterminação com convicção.

Este tempo razoável para reflexão variará de acordo com o tipo de procedimento e a extensão de seus riscos. Mesmo em intervenções da mesma área, a complexidade de procedimentos difere entre si, cabendo ao médico cirurgião avaliar cautelosamente qual o período adequado para considerar-se que o paciente tomou uma decisão com tempo suficiente para ter respeitado seu direito à autodeterminação.

Esta análise sobre o requisito temporal é casuística, não havendo como estabelecer um tempo mínimo e máximo previamente estabelecidos como adequados. Por exemplo, um otorrinolaringologista há de ponderar que o tempo para a reflexão do paciente sobre um procedimento de rinoseptoplastia há de ser significativamente mais relevante do que para um procedimento mais simples como uma adenoidectomia típica. No entanto, se considerar que a adenoidectomia há de ser realizada em um paciente com anomalias craniofaciais e potencialização de risco disfágico, o tempo de ponderação do paciente e família também há de ser majorado.

Do mesmo modo, à título de exemplo, um urologista há de ceder tempo diferenciado para reflexão sobre o termo de consentimento para um procedimento de cistoscopia ou correção de fimose quando comparado a uma cirurgia robótica para remoção de câncer de próstata, haja vista que, ainda que sejam procedimentos da mesma área cirúrgica, possuem proporções de riscos totalmente diferentes.

Assim, não há que estabelecer-se tempo mínimo ou tempo máximo para que o paciente pondere sua decisão, mas considerar individualmente cada situação para que se determine qual o período de antecedência adequado. Tal ponto é de fundamental relevância para que, no momento de questionamento jurisdicional, não prevaleça a tese de que o paciente não teve tempo para reflexão e agiu de forma coagida.

6.2. CONSIDERAÇÕES SOBRE A ANESTESIA

Primeiramente, há de se considerar a importância de um termo de consentimento que traga informações precisas e completas sobre a anestesia.

Idealmente, faz-se recomendável um termo de consentimento informado referente exclusivamente à anestesia, elaborado com individualidade para o próprio médico anestesiologista, independente do tipo de anestesia – geral, peridural, raquianestesia ou mesmo geral inalatória.

Embora os riscos inerentes à anestesia costumam habitualmente estar elencados no termo de consentimento da parte do cirurgião, recomenda-se, que o anestesiologista tenha seu próprio termo que documente todas as informações concedidas, o que o resguardará em momento de necessidade de comprovação de cumprimento de seu dever de informar.

Neste sentido, ressalte-se a relevância inclusive da consulta para Avaliação Pré-Anestésica (APA), prezando para que o paciente esteja seguro e claramente informado, tendo a possibilidade de ter o termo de consentimento para anestesia cedido com tempo de antecedência para sua avaliação e elucidação de dúvidas.

Este termo há de ser claro e acessível à compreensão do paciente, elucidando todos os riscos inerentes à condução anestésica, tratando desde pontos mais simples até riscos mais complexos. Assim, há de se informar desde as orientações relacionadas à necessidade de jejum e consequências de sua não realização de modo adequado, até riscos raros, como o risco de choque anafilático e morte.

Também deve mencionar a potencialização de riscos por aspectos relacionados a condições inerentes ao paciente, como idade avançada, hipertensão e diabetes. Necessário também que informe ao paciente sobre a necessidade de comunicação ao anestesiologista a respeito de todas as medicações utilizadas previamente, bem como o consumo de substâncias entorpecentes, vez que tais interações são relevantes para tomadas de decisão no tocante à métodos e dosagens, em prol da segurança da vida e saúde do paciente.

Ressalte-se que, em que pese o avanço da ciência venha trazendo princípios ativos, instrumental e técnicas que minimizam significativamente os riscos decorrentes da anestesia, eles ainda existem, vindo à cabo em situações do dia-a-dia cirúrgico. Sob esta perspectiva, ao cumprir antecipadamente o dever de informar, o médico anestesiologista resguarda-se do possível dever posterior de indenizar.

Assim, advindo algum acidente ou complicação decorrente da conduta anestésica, estando protegido por um termo de consentimento e considerando que sua conduta não incorreu em imprudência, negligência ou imperícia, uma vez que o paciente estava ciente dos riscos, não há que se falar em responsabilidade de indenizar por parte do anestesiologista.

Outrossim, recomenda-se aos médicos que desenvolverão a conduta cirúrgica que também se protejam em seus termos de consentimento com todas as informações referentes aos riscos da anestesia, uma vez que há interpretação jurisdicional no sentido de considerar que a responsabilidade de informar sobre a anestesia constitui responsabilidade solidária entre médico cirurgião e anestesista.

6.3. CAUTELAS ESPECIAIS

Em alguns procedimentos cirúrgicos, há de se empregar algumas cautelas especiais. Isso ocorre quando um fato atrelado às consequências da intervenção em si, geram majoração de alguma forma de risco para o paciente. Sempre que, por qualquer razão, houver acréscimo de risco em alguma esfera, seja física, psíquica, familiar ou social, o termo de consentimento há de ser cuidadosamente formulado, visando que tais potenciais riscos excepcionais estejam bem descritos.

É o que ocorre, por exemplo, no caso de cicatrizes. Se o cirurgião sugere uma conduta cirúrgica que acarretará marcas na pele do paciente, este fato deve estar detalhado no termo de consentimento. Esclareça-se, sobre este tema, que ainda que a previsão seja de cicatrizes conceitualmente discretas, há de se explicitar ao paciente via termo de consentimento sobre sua ocorrência. Assim, do mesmo modo que o termo relacionado a uma cirurgia aberta cardíaca ou abdominal abordará a cicatriz relevante como consequência da intervenção, o termo referente à cirurgia por videolaparoscopia que provavelmente gerará uma marca relativamente mínima também deverá apontar a cicatriz como decorrência da intervenção.

Ainda, há que se desenvolver com extrema cautela a concessão de informação para procedimentos de esterilização, mais especialmente quando trazem possibilidade reduzida de reversibilidade. É o caso da vasectomia e da laqueadura, cirurgias para as quais recomenda-se o termo de consentimento não apenas do paciente, mas também de seu companheiro (a), quando houver. Frise-se que, em tais situações, é razoável que seja conferido ao paciente tempo expressivo para reflexão, a fim de haver total convicção da não desistência do propósito de esterilização permanente.

É de suma importância o zelo sobre as informações contidas do termo de consentimento para procedimentos cirúrgicos de redesignação sexual, que deverão trazer com clareza não só riscos e benefícios atrelados ao procedimento em si, mas também a natureza e extensão das implicações fisiológica, sexual, reprodutiva, social, psíquica e emocional do indivíduo. Diante destes procedimentos, é relevante que o cirurgião conte inclusive com suporte multidisciplinar, a fim de proteger o paciente em condição de acentuação de vulnerabilidade através de conjunto informativo amplo, que deverá ser detalhado no termo de consentimento.

Também é bastante relevante que o procedimento de transplante de órgãos intervivos seja realizado mediante um termo de consentimento informado que exponha com clareza as consequências da concessão do tecido, parte de órgão ou órgão duplo objeto do transplante, sendo recomendável que conste do documento a prerrogativa de desistência em qualquer momento antes da concretização da doação. Tal termo deverá ser assinado diante de testemunhas, respeitando-se o disposto na Lei 9434/97.

O receptor também terá um termo de consentimento próprio no qual deverá constar expressamente a excepcionalidade e riscos do procedimento. Neste sentido, valerá olhar com particular atenção para os novos procedimentos relacionados à xenotransplantes ou transplantes de órgãos impressos em 3D, situações inovadoras que demandam ainda mais zelo sobre o dever de informar, a fim de que o paciente possa consentir não só de forma livre e esclarecida, mas também de forma realista e ponderada.

6.4. PROCEDIMENTOS COMBINADOS

Há que se ter especial cautela quando os procedimentos forem combinados, situação que naturalmente acentua a vulnerabilidade do paciente, que, para que exerça plenamente sua autodeterminação, precisa compreender os riscos e benefícios de ambos os procedimentos em separado. Tal situação pode ocorrer de duas formas distintas.

Primeiramente, procedimentos combinados ocorrem quando especialidades diferentes efetuam procedimentos de suas respectivas áreas em um mesmo evento cirúrgico, considerando-se otimização de logística para o paciente que será submetido à apenas uma internação e uma sedação, ainda que majoradas em tempo em virtude da combinação cirúrgica. É o caso, por exemplo, de pacientes que efetuam em um mesmo evento cirúrgico o lifting facial com o cirurgião plástico e a blefaroplastia com o oftalmologista. Ressalte-se que, em tais situações, cada profissional deverá ter seu termo de consentimento individualizado em separado.

Procedimentos combinados também ocorrem quando, dentro de uma mesma especialidade, um mesmo profissional desempenha procedimentos diferentes no mesmo paciente, mas no mesmo evento cirúrgico. Neste caso, o profissional poderá contar com apenas um termo de consentimento que reúna todas as informações referentes a ambos os procedimentos, ou, se preferir, poderá contar com dois documentos, um para cada intervenção específica.

É o que ocorre, por exemplo, em cirurgias que habitualmente ocorrem combinadas. Por exemplo, a adenoidectomia e amidalectomia são procedimentos distintos, mas que habitualmente são executados na sequência sob a mesma sedação; trata-se de procedimentos de riscos bastante diferentes entre si, de modo que se faz necessário que as informações sobre ambos estejam explicitadas no termo de consentimento, que poderá contemplar todos os riscos e benefícios da adenoamidalectomia em um documento apenas.

Há de se considerar com ainda mais atenção procedimentos que envolvem mais que duas intervenções. Tal situação é comum especialmente no que diz respeito a intervenções cirúrgicas de natureza funcional, mas realizada por especialidades que também podem atuar no campo estético. Cite-se, como exemplo, a cirurgia ortognática, que deverá, sob a ótica bioética de não-maleficência e beneficência, ser desempenhada por profissional da área odontológica, a saber o cirurgião buco-maxilo-facial, vez que tal procedimento aborda a oclusão dental do paciente. Tal profissional poderá, no mesmo evento cirúrgico que visa primariamente trazer melhoras funcionais ao paciente no tocante à mastigação, respiração, alteração temporo-mandibular, dentre outros, desempenhar atreladamente também procedimentos estéticos inerentes à sua área profissional, tais como mentoplastia e bichectomia.

Em situações como essa, o termo de consentimento será complexo, contemplando três ou mais procedimentos cirúrgicos da mesma área profissional, informando sobre todas as intervenções em separado e contemplando todos os riscos e benefícios de cada uma delas, ainda que em um mesmo documento.

Por fim, recomenda-se cautela com a intervenção cirúrgica que demanda um procedimento secundário para lhe dar suporte, como no caso da rinoplastia com enxerto de costela. Nesses casos, é importante que o cirurgião ressalte a explicitação deste adendo cirúrgico no termo de consentimento, vez que toda conduta traz em si algum grau de risco, mesmo que supostamente seja apenas uma retirada de cartilagem.

Condutas anexas em mesmo tempo cirúrgico, sejam efetuadas pelo próprio médico cirurgião principal, sejam desempenhadas por colega a seu convite e sob sua responsabilidade, deverão sempre constar no termo de consentimento para que o paciente exerça plenamente sua autodeterminação e o médico cumpra plenamente o dever de informar, protegendo-se inclusive diante de judicialização.

7. TERMO DE CONSENTIMENTO EM TELEMEDICINA

A pandemia causada pelo covid-19 e a necessidade de isolamento social trouxeram um grande aumento na prática da telemedicina. Se antes esta prática acontecia como rara exceção, como por exemplo com pacientes em lugares remotos, recentemente passou a se tornar aceitável e necessária.

Neste passado recente, a telemedicina se tornou uma prática mais aceita e segura, demonstrando benefícios às partes, sendo não apenas eficiente para a situação de calamidade vivenciada, mas sendo inclusive forma de atenuação de problemas como distância, tempo de deslocamento, custos, serviços de saúde com locais de espera com excedente de pacientes, potencial de maior transmissibilidade de doenças, entre outros.

A prática da telemedicina foi regulamentada pelo Conselho Federal de Medicina e entrou em vigor em abril de 2022 pela Resolução nº. 2.314, trazendo critérios e requisitos para sua viabilidade e realização, bem como as modalidades de teleatendimentos. Para a prática de telemedicina é obrigatório o cumprimento de todos os requisitos previstos na normativa do CFM, em especial, a existência do termo de consentimento.

Assim, o paciente ou seu representante legal deverá autorizar o atendimento por telemedicina e a transmissão das suas imagens e dados por meio de um termo consentimento livre e esclarecido que expresse sua concordância e autorização.

Este documento deverá ser enviado por meios eletrônicos ou de gravação de leitura do texto com a assinatura do paciente, devendo fazer parte do Sistema de Registro Eletrônico de Saúde (SERS) do paciente.

Ressalte-se que, em todo atendimento por telemedicina, deve ser assegurado o consentimento explícito no qual o paciente ou seu representante legal afirme-se consciente de que suas informações pessoais podem ser compartilhadas e sobre o seu direito de negar permissão para isso, salvo em emergência médica.

No que se refere à transmissão de dados, imagens e documentos, há de se observar regras próprias, especialmente quanto à requisitos de guarda, manuseio, integridade, veracidade, confidencialidade e sigilo profissional.

8. TERMO DE CONSENTIMENTO EM PROCEDIMENTOS ESTÉTICOS CIRÚRGICOS E AMBULATORIAIS

Em procedimentos estéticos cirúrgicos e ambulatoriais algumas cautelas especiais precisam ser tomadas. Isso porque está sedimentado por doutrina e jurisprudência que atos médicos de cunho puramente estético não constituem uma obrigação de fazer, mas sim obrigação de resultado, trazendo, por conseguinte, para o médico uma outra perspectiva sobre a responsabilidade civil e o dever de indenizar.

Há de se considerar que, na grande maioria das situações, existe o desejo subjetivo do paciente quanto ao resultado pretendido. Por vezes, este desejo subjetivo alia-se a um determinado dado de objetividade relativa, seja pela demonstração de imagens de semelhança, seja até pela construção em software especializado de imagem que prevê as alterações a serem supostamente alcançadas pela intervenção.

Deste modo, o termo de consentimento precisa atentar para uma série de requisitos em particular, a fim de atender ao paralelo entre o dever de informar do médico e o direito de estar esclarecido do paciente com o máximo de amplitude e clareza possível, haja vista serem os procedimentos estéticos constantemente colocados *subjudice* em nosso país, desencadeando uma série de consequências gravemente nocivas a paciente e médico, gerando ao paciente frustração e sentimento de dano moral e ao médico prejuízo em carreira e dever de indenizar.

Assim, objetivando-se com rigor constituir um documento bem completo e protetivo, primeiramente, deve apontar expressamente o procedimento ambulatorial ou cirúrgico indicado, ressalvando eventuais contraindicações e apontando eventuais alternativas ao tratamento escolhido, bem como discriminando sua individualização quando são somados em um mesmo evento intervenções diferentes – e.g., abdominoplastia combinada com mamoplastia, preenchimento com ácido hialurônico combinado com preenchimento com toxina botulínica.

Ainda, há de se pontuar as etapas técnicas previstas, apontando o ato e resultado previsto para cada passo do conjunto de toda a intervenção, discriminando o intervalo entre etapas, quando houver, e os cuidados entre etapas que o paciente precisa imprimir em sua rotina.

Em seguida, discriminam-se possíveis efeitos colaterais e riscos fisiológicos, sensitivos e visuais do procedimento. Assim, aponta-se expressamente a possibilidade de haver enrijecimento muscular demasiado, paralisia facial, perda de sensibilidade, formigamento, hematomas e eritemas, dentre outros.

Ressalte-se a relevância especial nesses casos, em que o paciente busca uma melhoria de aparência de ordem física, de pontuar consequências dérmicas permanentes, esclarecendo sobre a aparência e extensão de eventuais cicatrizes, haja vista o paradoxo existente entre melhoria estética e cicatriz, adequando-se, portanto, a expectativa do paciente através do termo de consentimento.

Conceda-se atenção ao esclarecimento sobre a extensão temporal do resultado da intervenção, se permanente, quando não há mais necessidade de repetir-se o procedimento por completo, ou se provisório, quando há necessidade de repetir-se o ato médico a fim de manter o resultado almejado pelo paciente, situação em que deve ser apontado expressamente em quanto tempo é esperado que se torne necessário ao paciente submeter-se novamente ao procedimento.

No caso de cirurgia estética é de suma importância a ressalva no termo acerca da possibilidade de eventual correção necessária, dispondo também sobre a extensão da correção prevista pelo médico, o prazo para realização, bem como tempo e forma em que ocorrerá. Esclareça-se que, nesses casos, o resultado sempre está condicionado ao conjunto de procedimentos e que a ausência de um deles pode gerar consequências desfavoráveis ao resultado almejado pelo paciente. Deste modo, faz-se necessário garantir o esclarecimento e compromisso do paciente em seguir às orientações médicas quanto às correções, a estarem discriminadas no termo.

Não obstante, deverão também constar no termo de consentimento livre e esclarecido as orientações médicas referentes à recuperação e período pós-intervenção, indicando expressamente a conduta que o paciente deve adotar no que se refere a repouso, dieta, atividade física, uso de medicação via oral ou tópica para prevenir infecções ou atenuar cicatrizes, dentre outras recomendações.

Em procedimentos estéticos ambulatoriais e cirúrgicos, as informações do termo devem constar de forma individualizada e personificada, visto que os cuidados pós-intervenção podem variar de acordo com o estado de saúde do paciente, considerando-se, por exemplo, comorbidades pré-existentes e medicamentação de uso contínuo. Importante ainda, em dadas situações, constar ainda que o procedimento pode ser interrompido por ambas as partes, caso haja risco à saúde e integridade física do paciente.

Saliente-se que um dos pontos mais relevantes do termo de consentimento em procedimentos estéticos se refere à discriminação do resultado e benefícios previstos. Como é notório, o paciente tem elevada expectativa de alcançar a aparência que almeja em sua subjetividade, cabendo ao médico, em seu honroso dever de informar, esclarecer com objetividade, detalhismo e veracidade as possibilidades de resultado para aquele paciente em específico.

O termo de consentimento vem a ser, portanto, um instrumento adequado para documentar o compromisso de resultado do médico com determinados benefícios, já esclarecendo quais as possibilidades e impossibilidades do ato médico a ser desempenhado, ajustando-se a expectativa subjetiva do paciente à uma realidade objetiva do médico dentro do que os recursos científicos e habilidades empregadas poderão conferir ao paciente naquele ato.

Cumpre salientar o quão importante se faz neste momento esclarecer que a imagem prevista pelo recurso digital não constitui uma garantia de resultado idêntico. Tais pontuações se tornarão cada vez mais necessárias, haja vista que as previsões trazidas pela inovação tecnológica permitirão em breve a reconstituição da previsão de resultado em âmbito holográfico e de metaverso.

Apesar da previsão, o resultado do ato médico em âmbito estético depende muitas vezes da resposta fisiológica do paciente durante o procedimento, em sua particular estrutura muscular, óssea e dérmica. Assim, o termo de consentimento apontará o resultado esperado, mas sem afirmar a identidade absoluta ao previsto por recursos tecnológicos, que devem ser usados como forma ilustrativa da possibilidade de resultado, não constituindo de modo algum uma garantia de resultado absolutamente semelhante.

Cabe constar no termo de consentimento livre e esclarecido que o paciente tem conhecimento, entendimento e concorda com todas as informações amplamente cedidas pelo profissional, reiterando-se sua compreensão sobre o fato de que diversos fatores podem influenciar no resultado almejado, tais como, condições clínicas e fisiológicas, intercorrências durante ou depois do procedimento.

É recomendável, primando-se pela consciência e responsabilidade ética-jurídica do médico, que conste no termo de consentimento que o paciente prestou todas as informações corretamente diretamente ao profissional, em compromisso pleno de sua parte com a veracidade na relação médico-paciente.

Por fim, importante pontuar que, no caso de procedimentos estéticos voltados para tratamento de patologias, como por exemplo, para marcas e manchas derivadas de queimaduras, torna-se bastante complexo realizar a previsibilidade de resultado, visto que existe uma variação de fatores inerentes à fisiopatologia.

Em tais situações, o termo de consentimento deve trazer de modo expresso tais limitações em relação aos benefícios possíveis, cabendo ao médico informar previamente os procedimentos existentes que constituam técnica com embasamento científico, deixando o paciente previamente esclarecido e informando-o no termo de consentimento sobre todas as limitações possíveis, bem como todas as cautelas necessárias durante e após a intervenção para maximizar o resultado.

9. TERMO DE CONSENTIMENTO EM PROCEDIMENTOS TERAPÊUTICOS, NUTRICIONAIS E DE ENFERMAGEM

O termo de consentimento também se faz necessário nas modalidades de atendimento terapêutico, a saber, fisioterapia, fonoaudiologia, terapia ocupacional e psicologia.

Trata-se também de um documento necessário nestes âmbitos, visto que, além de trazer esclarecimento para o paciente sobre a intervenção e confiabilidade ao tratamento, gera também um respaldo ao profissional responsável pela conduta técnica.

A elaboração do termo de consentimento é de suma importância em condutas terapêuticas da prática clínica, informando o estado de saúde, capacidade funcional, esclarecimentos acerca do diagnóstico, quais são as técnicas disponíveis, os objetivos e planejamento a médio e longo prazo.

É fundamental ainda informar se existe efeito colateral ao tratamento ou técnica utilizada, possibilidade de intercorrências, se há comprovação científica respaldando a técnica e estimativa de tempo de tratamento.

Perceba-se a importância do termo de consentimento em abordagens terapêuticas de diferentes disciplinas, ao observar-se a relevância deste autodeterminar-se de modo livre e esclarecido em intervenções terapêuticas complexas.

Citem-se, à título de exemplos: protocolos de fisioterapia com estimulação transcraniana por corrente contínua ou estimulação transmagnética; intervenções de fonoaudiologia aliadas à utilização de estímulo elétrico intraoral; abordagens de terapia ocupacional de contenção de membros; procedimentos em psicologia que modulam comportamentos com reforçadores emocionais.

Cabe lembrar que, em âmbito de reabilitação terapêutica, é de extrema importância constar no termo de consentimento informado a conscientização e compromisso do paciente, ou de seus familiares quando for o caso, quanto à continuidade das condutas terapêuticas em âmbito domiciliar.

Estas, após definidas, devem ser observadas pelo paciente e por todos ao seu redor, quando for o caso, visto que a permanência do indivíduo em ambiente terapêutico é na maioria das vezes ínfima perante o período de atividade da vida diária, de modo que, a falta de adesão às orientações terapêuticas compromete sobremaneira a recuperação de seu quadro de saúde.

Deste modo, recomenda-se que esta partilha de responsabilidades esteja explicitada no termo, não apenas para a conscientização do paciente e família, mas também para o resguardo em alçada de responsabilidade civil e administrativa do profissional da saúde, que estará então protegido diante de eventuais futuras alegações por parte do paciente ou família no sentido de não terem sido orientados da necessidade da extensão da abordagem terapêutica no cotidiano do paciente.

Também se considera necessário o termo de consentimento em determinados procedimentos nutricionais. Determinadas intervenções da abordagem nutricional, sejam de alimentação ou suplementação, trazem em si uma série de riscos e benefícios que deverão ser informados ao paciente em termo de consentimento livre e esclarecido. É o que ocorre, por exemplo, em determinadas intervenções planejadas para contribuir com aporte nutricional para jovens atletas ainda em fase de desenvolvimento.

Do mesmo modo, alguns procedimentos da enfermagem também demandarão a existência de um termo de consentimento livre e esclarecido, vez que trazem em si riscos na execução do ato e, por vezes, subjacentes também. É o caso, por exemplo, da inserção de cateter central para terapia medicamentosa endovenosa de longa duração, situação em que o termo informará não apenas os riscos da colocação do dispositivo vascular, mas também de eventual infecção posterior.

Em suma, todo e qualquer procedimento desempenhado por profissional da saúde que traga em si qualquer risco à saúde, bem-estar ou integridade física do paciente, deverá ser precedido de termo de consentimento livre e esclarecido que traga com clareza ao paciente todas as informações que circundam a intervenção.

10. TERMO DE CONSENTIMENTO EM OUTRAS CONDUTAS

Em dadas intervenções excepcionais em saúde, algumas cautelas deverão ser assumidas a fim de atender ao binômio dever de informar e direito de estar esclarecido, visando preservar o direito à autodeterminação do paciente, bem como a proteção ética e civil do médico.

É o caso de procedimentos não recomendados pelo CFM, condutas que não constituem prática baseada em evidências, procedimentos de cuidados paliativos individualizados, internação em hospitais psiquiátricos, terapias gênicas, prescrição de fármacos *off-label*, de princípios ativos recentes no mercado, de opioides, dentre outros.

Situações individualizadas deverão ser minuciosamente estudadas sob o olhar da bioética e do biodireito, aliando-se a um raciocínio clínico sobre o diagnóstico, prognóstico e conduta proposta, somando-se, ainda, às informações presentes na literatura até o momento.

Sob todo este arcabouço, se fará a construção de um documento de consentimento informado que seja suficientemente completo para informar o paciente com clareza e veracidade, atendendo o respeito à sua plena autonomia e promovendo a real proteção ética-jurídica do médico.

Ressalte-se que tratamentos de cunho experimental não deverão ser incluídos em prática clínica, mas abordados em âmbito de pesquisa científica dentro dos parâmetros éticos do ordenamento brasileiro, sendo submetidos à análise de Comitê de Ética em Pesquisa, o qual apreciará o termo de consentimento livre e esclarecido proposto antes de sua apresentação ao participante de pesquisa.

11. OUTROS NEGÓCIOS BIOJURÍDICOS NA RELAÇÃO MÉDICO-PACIENTE E A RELEVÂNCIA DO TERMO DE COMPROMISSO E RESPONSABILIDADE

Cabe esclarecer que, além do termo de consentimento informado, há outros negócios biojurídicos importantes para pautar a relação médico-paciente, não devendo ser vistos como entraves burocráticos, mas como elementos essenciais ao dever de informação e à horizontalidade da relação.

Assim, prima-se sempre que necessário pela existência de um contrato, a saber, um acordo de vontade entre as partes, representado por um documento que baliza a relação de serviços prestada. Nele devem constar as obrigações das partes, o valor do serviço, condições quando da desistência de uma das partes, dentre outros elementos formais da relação médico-paciente.

Por vezes, assume-se também um ato denominado Plano de Tratamento, sendo este o documento no qual o profissional de saúde irá descrever o procedimento de acordo com o diagnóstico atual e o prognóstico previsto, detalhando o cronograma de suas etapas, dosagens farmacológicas específicas para cada momento, objetivos para cada ciclo do procedimento, dentre outros.

Cumpre, por fim, destacar um negócio biojurídico de suma importância para algumas condutas da prática clínica: o Termo de Compromisso e Responsabilidade. Trata-se do documento pelo qual o paciente assume o dever de uma dada conduta ativa de sua responsabilidade, a fim de resguardar sua saúde e o bom resultado do tratamento, gerando um respaldo para o profissional da saúde relevante não apenas no tocante à sua proteção ética-jurídica, mas também para sua liberdade de consciência para seu exercício profissional.

Tais termos fazem-se necessários em situações em que a conduta ativa ou inativa do paciente antes, durante ou após a intervenção, pode gerar um risco para sua saúde e bem-estar. É o caso, por exemplo, do risco de abertura de sutura se houver prática de exercícios após a abordagem cirúrgica em desrespeito ao repouso recomendado; do risco de malformação fetal em caso de gravidez durante tratamento com determinados princípios ativos; de risco de acidente vascular encefálico em caso de não-abstinência de entorpecentes durante algumas abordagens farmacológicas, dentre outros.

Nestas situações, é recomendável que, além do termo de consentimento informado, o paciente assine um documento no qual assuma o dever de agir de determinada forma ou abster-se de determinada conduta, pelo período orientado pelo profissional da saúde, a saber, por todo o período de recuperação após um procedimento cirúrgico até alta médica, até finalizar dada etapa de uma intervenção ambulatorial, até o fim do período de *washout* de determinado princípio ativo, dentre outras situações.

12. CONSIDERAÇÕES FINAIS

O termo de consentimento constitui-se em um binômio: de um lado, contempla o dever do médico de conceder a informação; de outro, contempla o direito do paciente de estar informado para exercer sua autonomia da vontade e autodeterminar-se livremente.

Na prática clínica, o termo de consentimento vai além de promover o respeito à lei e aos princípios da bioética. Quando bem elaborado, o termo de consentimento informado também resguarda os direitos do médico perante eventuais denúncias ao conselho de classe e processos judiciais, dando guarida ao profissional para protegê-lo de ser punido disciplinarmente ou condenado a indenizar judicialmente.

Particularmente no tocante à judicialização, há de se empenhar o máximo de cautela na elaboração do termo de consentimento, vez que é recorrente que o profissional de saúde sofra condenação em processo judicial por um ato em que não incorreu em erro médico, mas falhou no dever de informação. Por vezes, o profissional está supostamente amparado por um termo de consentimento, mas que se demonstra ineficiente a atender de modo efetivo o paralelo do dever de informar e direito de ser informado, tornando-se um ato nulo aos olhos jurisdicionais.

Deste modo, o termo de consentimento informado deverá sempre embasar-se na tríade adequação, suficiência e veracidade. A informação deve ser clara, objetiva, aproximativa e concedida em uma linguagem que um leigo entenda, permitindo uma tomada de decisão totalmente esclarecida. Ainda, deve ser completa e específica, expondo todos os riscos e benefícios da conduta para que o paciente usufrua seu direito de autodeterminar-se de forma consciente. Por fim, deve estar imbuída de plena veracidade, precisão e honestidade, sendo condizente com a evidência científica estabelecida até o momento do ato médico.

É aconselhável em intervenções mais complexas personalizar o termo de consentimento para aquele paciente e procedimento específico, considerando-se que condutas individualizadas devem também ser acompanhadas de termos de consentimento ainda mais particularizados.

Na prática clínica, o teor do termo de consentimento que efetivamente atenderá aos requisitos suficientes para informar o paciente adequadamente, bem como para proteger disciplinar e judicialmente o médico, terá seu conteúdo desenvolvido com base em um minucioso raciocínio clínico sobre cada tipo de intervenção em saúde, raciocínio este construído com base em estudo detalhado e pleno diálogo interdisciplinar entre Advocacia e Ciências da Saúde.

REFERÊNCIAS

Bergstein, Gilberto. *A informação na relação médico-paciente*. Editora Saraiva, 2013.

Mallardi V. *Le origini del consenso informato [The origin of informed consent]*. Acta Otorhinolaryngol Ital. 2005 Oct; 25(5): 312-27. Italian. PMID:16602332

Soares, Flaviana Rampazzo. *Consentimento do Paciente no Direito Médico: validade, interpretação e responsabilidade*. Editora Foco, 2021.

Lamachia, Claudio. *Direito Médico e da Saúde*. Conselho Federal da OAB, 2018.

TJ-DF – 00071198120168070001, Relator: Des. MARIO ZAM BELMIRO, Data de Julgamento: 31/10/2019 – 8ª Turma Cível, Data de Publicação: DJe 02/12/2019.

Resolução CFM 2217/2018 - Código de Ética Médica, Capítulo I, inciso XX.

França, Genival Veloso. Direito Médico. Editora Forense, 2013.

Sumário Executivo: Justiça Pesquisa – Judicialização da Saúde no Brasil: perfil das demandas, causas e propostas de solução. Instituto de Ensino e Pesquisa, p. 8. https://www.cnj.jus.br/wp-content/uploads/conteudo/arquivo/2019/03/f74c66d46cfea933bf22005ca50ec915.pdf. Acesso em 23 de jun. de 2022.

STJ - REsp: 1848862 RN 2018/0268921-9, Relator: Ministro MARCO AURÉLIO BELLIZZE, Data de Julgamento: 05/04/2022, T3 - TERCEIRA TURMA, Data de Publicação: DJe 08/04/2022.

STJ - REsp: 1848862 RN 2018/0268921-9, Relator: Ministro MARCO AURÉLIO BELLIZZE, Data de Julgamento: 05/04/2022, T3 - TERCEIRA TURMA, Data de Publicação: DJe 08/04/2022.

TJ-DF - Inteiro Teor. 73698355201880700001, Relator: Des. FERNANDO HABIBE, Data de Julgamento: 15/12/2021 - 4ª Turma Cível, Data da Públicação DJe: 28/01/2022.

Resolução 466/2012, Conselho Nacional de Saúde. Disponível em: https://conselho.saude.gov.br/resolucoes/2012/Reso466.pdf. Acesso em 10 de jul. de 2022.

LIMITES DE CONSENTIMENTO DO PACIENTE

ELIANE VIEIRA[1]

INTRODUÇÃO

Relação médico paciente se dá entre pessoas dotadas de racionalidade e autonomia própria, de um lado o médico técnico especializado detentor do conhecimento científico necessário, de outro o paciente, pessoa que necessita da intervenção do médico em seu corpo; por vezes este paciente é pessoa sem autonomia decisória.

Cumpre delimitar quem será o sujeito neste capítulo a ser considerado. O presente capítulo se restringirá ao estudo da autonomia do paciente, e do paciente plenamente capaz, ou seja, o paciente em plena capacitação para exercer sua autonomia livre e sozinho, sem representação ou assistência. Nos termos da legislação civil a pessoa natural plenamente capaz.

1. O CONSENTIMENTO

Para a reflexão acerca dos limites de consentimento do paciente se faz necessária breve regressão e definição de alguns termos.

Segundo o dicionário Michaelis (2022) consentimento é:

> Consentimento; con·sen·ti·men·to sm. 1 Ato ou efeito de consentir; permissão, licença. 2 Decisão favorável quanto a solicitação ou

---

[1] Biomédica, advogada. Mestrado em bioética. Especialista em análises clínicas e direito médico e da saúde. Professora universitária.

pedido; aprovação, anuência, aquiescência. 3 Tolerância, condescendência. 4 Concordância de ideias, unanimidade de opiniões, acordo das partes envolvidas (em projeto, objetivo, decisões etc.).

A verificação do conceito de consentimento necessariamente se desdobra em possibilidades de manifestação deste consentimento, ou tipos de consentimentos.

A vida cotidiana é permeada constantemente pelo chamado consentimento implícito, muitas vezes consentimento tácito, algumas outras consentimento expresso de forma verbal ou escrita, em situações bem específicas observação de consentimento unânime e ainda o consentimento informado.

Para a Bioética e Biodireito importa o consentimento informado.

Este último, o consentimento informado é exato o consentimento a ser aplicado no caso de pacientes na sua relação com médicos, hospitais e clínicas.

Cabe a verificação do que se entende por consentimento informado.

Consentimento informado segundo a Wikipédia (2022), enciclopédia livre é:

> O consentimento informado é um processo para obter permissão antes de conduzir uma intervenção de saúde em uma pessoa, para conduzir alguma forma de pesquisa sobre uma pessoa ou para divulgar informações de uma pessoa. Um provedor de saúde pode pedir a um paciente que consinta em receber terapia antes de fornecê-la, um pesquisador clínico pode pedir a um participante de pesquisa antes de inscrever essa pessoa em um ensaio clínico e um pesquisador pode pedir a um participante de pesquisa antes de iniciar alguma forma de experimento controlado. O consentimento informado é coletado de acordo com as diretrizes das áreas de ética médica e ética em pesquisa.

O Código de Ética Médica se ocupa em orientar o profissional médico no que concerne ao consentimento, esclarecendo desde logo que se trata de consentimento prévio e com esclarecimentos, o que se conclui que na área médica o consentimento é do tipo consentimento informado.

Art. 46 – É vedado ao médico: "Efetuar qualquer procedimento médico sem o esclarecimento e o consentimento prévios do paciente ou de seu representante legal, salvo em iminente perigo de vida".

Art. 59 – É vedado ao médico: "Deixar de informar ao paciente o diagnóstico, o prognóstico, os riscos e objetivos do tratamento, salvo quando a comunicação direta ao mesmo possa provocar-lhe dano, devendo, nesse caso, a comunicação ser feita ao seu representante legal".

Resolução CFM nº 2.217, de 27 de setembro de 2018, modificada pelas Resoluções CFM nº 2.222/2018 e 2.226/2019.

Pertinente ressaltar que o sistema judiciário pátrio ao considerar o consentimento a ser dado por paciente só o considera efetivo se escrito e individualizado.

Em Direito, costuma-se dizer que os autos são o mundo do juiz. O que não está nos autos não está no mundo; o que leva à constatação da imprescindibilidade da comprovação do consentimento e a prova da informação.

O consentimento e seu exercício é arraigado à natureza humana, indissociável, expressão inclusive da sua dignidade. Razão pela qual está atrelado aos direitos humanos fundamentais da pessoa. Afirmação que reverbera ensino do professor Miguel Kfouri Neto (2013):

> O Consentimento Informado insere-se no âmbito dos direitos humanos fundamentais. Deverá ser documentado e registrado, sob pena de o profissional ver-se impossibilitado de provar a efetiva obtenção do assentimento do enfermo – fato que também poderá redundar em consequências gravosas, no âmbito da responsabilidade civil. Quanto mais complexo ou arriscado o ato, maiores cuidados deverão ser adotados, para se documentar a aquiescência do paciente.

Os conselhos regulamentadores da prática médica e da saúde não se quedam omissos. Ao cuidarem da normatização e exercício da prática e ética médica, atuantes nos processos administrativos, instância esta distinta e independente da justiça comum, também reconhecem e afirmam entendimento nesta linha.

2. A AUTONOMIA BIOÉTICA

Prevalece o entendimento de que a informação ao paciente deve ser adequada, considerando-se o nível intelectual e cultural do paciente acerca do tratamento, riscos, benefícios, custos, afastamento de atividades, etc.

Pacífico ser direito do paciente o acesso a todas as informações necessárias e capazes de elucidar e permitir que ele decida acerca de seu corpo, sua saúde e seu destino.

A bioética ciência com centralidade na vida, vida esta tendo como vetor primeiro a vida humana em sua plenitude e dignidade por certo se ocupou e se ocupa com epistolados da pessoa, sua autonomia como expressão de sua dignidade, valor este absoluto.

A Bioética surgiu com a primeira finalidade de resolver questões ou dilemas morais emergidos diante dos avanços tecnológicos mormente na área da saúde. A Bioética se mostra como ramo específico da filosofia moral com características próprias.

O termo Bioética foi usado pela primeira vez pelo oncologista da Universidade de Wisconsin, Van Rensselaer Potter na sua obra Bioethics: a brige to the future. O significado originário atribuído por Potter ao conceito bioético era o de uma reflexão sobre as possíveis consequências negativas do desenvolvimento científico. De origem norte-americana, no pensar pragmático a fim de apontar bases para resolução de problemas de forma "racional", surgem os princípios basilares, mandamentos, "imperativos categóricos", resumem-se em: autonomia, consentimento informado ou esclarecido; justiça, não-maleficência e beneficência.

O termo autonomia, de acordo com sua origem etimológica grega, significa autogoverno, referindo-se ao poder da pessoa de tomar decisões que afetem sua vida, sua integridade físico-psíquica, suas relações sociais. Segundo Beauchamp & Childress (1985), "a pessoa autônoma é aquela que não somente delibera e escolhe seus planos, mas que é capaz de agir com base nessas deliberações".

Respeitar a autonomia do indivíduo, sua autodeterminação fundamenta-se no princípio dos princípios, a saber: princípio da dignidade da pessoa humana, fundamento da República Federativa do Brasil, não por acaso a Constituição Federal da República Federativa do Brasil afirma que ninguém será obrigado a fazer ou deixar de fazer algo senão em virtude de lei, privilegiando, portanto, a autonomia e o livre decidir do indivíduo.

Pode-se afirmar sem medo de equívocos que o Princípio Bioético da Autonomia tem respaldo constitucional, sendo o consentimento qualificado seu instrumento de concretização por excelência.

A autonomia confere ao sujeito a possibilidade de tomar as decisões que atendam melhor a seus próprios interesses, conduzindo sua vida com liberdade e em harmonia com seus anseios e objetivos, segundo o que melhor lhe aprouver, tornando-se o elaborador das normas que regularão sua vida e o autor de seu próprio destino. A autonomia deriva de princípio consagrado no caput do art. 5º da Constituição Federal de 1988, que é o da liberdade. Assim, é que só se pode falar em autonomia se houver liberdade.

Cabe a ressalva de que o princípio da dignidade da pessoa humana e o respeito à autodeterminação e autonomia acatam o imperativo categórico de Kant.

À luz da bioética a essência da autonomia está ligada ao consentimento, mas somente depois de informado, esclarecido, ou como alguns colocam consentimento qualificado. Este sim capaz de promover autodeterminação da pessoa humana.

3. O CONSENTIMENTO DO PACIENTE

Na atividade médica, o consentimento do paciente se dá em um processo, envolve necessariamente um diálogo, por mais breve que seja nas situações emergenciais, e fora destas mais conversas, empáticas, respeitosas e capazes de esclarecimentos para ambas as partes envolvidas.

Na Bioética contemporânea como se constata, a decisão racional, esclarecida, o chamado consentimento informado é imperativo categórico exigido não somente para situações de pesquisa como foi em seu nascedouro, mas agora de forma muito mais ampliada, necessário para todo tratamento, procedimento ou acometimento envolvendo a corpo da pessoa humana.

Daisy Gogliano cita Michele Aramini (2009), quando afirma que:

> (...) do ponto de vista jurídico o consentimento é colocado na categoria dos contratos, negócios bilaterais que surgem do encontro de duas vontades e que têm no consentimento o seu elemento constitutivo. O consentimento pode ser explícito, por representação por parte de terceiro ou presumido. Neste último caso, presumido, quando se trata de iminente perigo de vida, sem possibilidade de consentimento do paciente ou dos familiares, isto é, em situação de emergência, o que não acontece no sistema norte-americano, onde, mesmo nos casos de emergência busca-se o consentimento dos familiares. Assim, na ausência de consentimento, toda intervenção terapêutica pode configurarse como violência privada."

Retornando para o foco do presente capítulo, limite do consentimento do paciente, salutar breve regressão a fim de se perceber a mudança na relação médico paciente ao longo do tempo, uma vez que a base de tudo é a relação médico paciente por certo.

A professora Daisy Gogliano (2009) traça o perfil em breves e didáticas linhas.

> A medicina sempre foi uma questão de "poder". O paciente lançava-se nas mãos dos médicos. Não tinha acesso aos exames, não podia sequer abrir um envelope com os seus exames, subjugado sob o temor reverencial. Do mesmo modo, o temor impedia todo e qualquer questionamento porque os médicos diziam-se "donos do corpo do paciente, detentores do saber necessário e inacessível ao paciente". Os processos envolvendo a responsabilidade civil médica, fundados na responsabilidade aquiliana eram escassos e a consciência de o paciente ser titular de seus direitos da personalidade restava desconhecida.

Qualquer esclarecimento, qualquer diálogo acerca da terapêutica adequada permanecia restrita ao tipo de relação médico-paciente, fundada ou não na amizade e no respeito mútuo. (...)"
O "direito à informação" floresceu com o "Direito do Consumidor" e o sentimento de cidadania fortaleceu-se com a denominada "modernidade".

Para falar do limite do consentimento do paciente uma referência ao pensamento de Hipócrates indica que para o cientista o que deve ser autônomo não é o paciente, mas sim a medicina.

A tradição hipocrática, base da medicina ocidental, sempre foi de orientação paternalista, o médico com todas as informações e poder decisório, esta é a ideia central do texto Corpus Hippocraticum, contido no livro Decorum.

Este posicionamento foi sofrendo mudanças, Hipócrates no mesmo Decorum no trecho denominado Prognostic se posiciona favorável a um esclarecimento amplo de passado, presente e até futuro possível em relação à doença para o paciente.

No início do século XIX, Thomas Percival, em seu livro Medical Ethics (1803), (obra citada por Maria Patrão Neves 2003), propôs que o médico deveria utilizar uma linguagem clara e acessível quando de sua relação com os pacientes.

A modernidade leva a relação médico paciente para uma relação entre iguais com papéis diferentes, retirando seu caráter autoritário de poder ou vitimizador paternalista.

Tão importante quanto o consentimento é o instrumento que será utilizado.

Componente central do consentimento informado é a informação, devendo esta ser com qualidade, clareza e acessibilidade de texto, elementos que permitirão pleno exercício da autonomia consciente.

Estabelecido que o consentimento informado seja corolário da autonomia da pessoa, sendo exteriorizado por meio de documento, é necessário para prosseguir, esclarecer desde logo o posicionamento do Direito.

O ordenamento jurídico confere status jurídico ao termo de consentimento, devendo inclusive ser obrigatório e individual, sendo esta a perspectiva pacífica dos tribunais pátrios.

A par do seu significado ético e bioético indubitavelmente há o caráter jurídico.

O Princípio Bioético da Autonomia e o consentimento do paciente situam-se no universo jurídico nos chamados direitos da personalidade.

4. ASPECTOS LEGAIS

O Código Civil apresenta capítulo específico sobre os direitos da personalidade, primeira vez que estes direitos são, sob esta vertente, disciplinados.

No Código Civil brasileiro, a tutela dos direitos da personalidade encontra-se no Capítulo II (Dos direitos da personalidade), Título I (Das pessoas naturais) do Livro I (Das pessoas) da Parte Geral, contendo 11 artigos (arts. 11 a 21). Trata-se de disposições gerais, dentre as quais há breves considerações sobre a natureza dos direitos da personalidade e sobre o seu exercício (arts. 11 e 12) e normas que tutelam o direito à vida e à integridade física (arts. 13 a 15), o direito ao nome da pessoa (arts. 16 a 19), o direito à imagem (art. 20) e o direito à vida privada (art. 21). A análise aprofundada dos direitos da personalidade foge ao escopo deste capítulo, cabendo analisar o dispositivo específico sobre as intervenções médico cirúrgicas, art. 15 do Código Civil.

Tutelando a integridade física emerge a norma insculpida no art. 15 do Código Civil de 2002, que assim dispõe: "Ninguém pode ser constrangido a submeter-se, com risco de vida, a tratamento médico ou a intervenção cirúrgica". A norma do art. 15 do Código Civil é verdadeira consagração do princípio bioético da autonomia do paciente diante do direito positivo.

A inovação, porém não está na proteção dos direitos personalíssimos, visto que tanto a Constituição Federal de 1988 quanto o direito penal já ofereciam proteção jurídica aos direitos da personalidade, ressalvando que na seara penal, recebem denominação de bens jurídicos. A título de ilustração são bens jurídico-penais a vida, a integridade física, a honra, a liberdade física e moral, entre outros bens da pessoa humana, sendo que diversos destes confundem-se com a categoria privatista dos "direitos da personalidade".

Pode-se conceituar direitos da personalidade como direitos subjetivos que têm por objeto os bens e valores essenciais da pessoa, no seu aspecto físico, moral e intelectual. Rol claramente não exaustivo, efetuado pela doutrina do direito privado, são direitos da personalidade os direitos à vida, à integridade física, à integridade moral e à integridade intelectual, em todos os seus desdobramentos.

Guardam os direitos da personalidade os seguintes atributos: são absolutos (oponíveis erga omnes, implicando dever geral de abstenção a todos), extrapatrimoniais (impossíveis de avaliação em termos pecuniários), indisponíveis (impossíveis de cessão a terceiro, estando fora do comércio), impenhoráveis (impossíveis de subtração coercitiva pela via judicial), imprescritíveis (não se perdem pelo decurso do tempo), irrenunciáveis (impossíveis de serem recusados pelo titular), ilimitados (não é possível reduzi-los a uma lista fechada), vitalícios e necessários (acompanham a pessoa por toda a vida, sendo indispensáveis à própria existência humana).

Em certas circunstâncias excepcionais, por exigência da ordem jurídica, os direitos da personalidade encontram limitações ao seu exercício cite-se a título de exemplo a quebra de patentes de fármacos em prol da saúde pública, restringindo o exercício do direito de invenção, ou ainda a vedação à manifestação anônima do pensamento, nos termos do art. 5º inciso IV, da Constituição Federal de 1988.

O instituto do consentimento informado é desde muito conhecido no ordenamento jurídico brasileiro. Já o previa, expressamente, o Código de Ética Médica, em seu art. 46: "É vedado ao médico efetuar qualquer procedimento médico sem o esclarecimento e consentimento prévios do paciente ou de seu responsável legal, salvo iminente perigo de vida".

A Resolução nº 2 196/1996 do Conselho Nacional de Saúde, que dispõe sobre diretrizes e normas regulamentadoras da pesquisa envolvendo seres humanos, traz a seguinte definição do consentimento livre e esclarecido:

> anuência do sujeito da pesquisa e/ou de seu representante legal, livre de vícios (simulação, fraude ou erro), dependência, subordinação ou intimidação, após explicação completa e pormenorizada sobre a natureza da pesquisa, seus objetivos, métodos, benefícios previstos, potenciais riscos e o incômodo que esta possa acarretar, formulada em um termo de consentimento, autorizando sua participação voluntária na pesquisa".

Ressalva se faz para não se confundir o consentimento com o termo de consentimento, da mesma maneira como se denomina, no linguajar comum, o instrumento do contrato como "contrato". De fato, o consentimento é a anuência do paciente e não o documento no qual este consentimento se expressa.

Já apontado no presente capítulo que o consentimento e exercício da autonomia só serão plenos com a informação clara, suficiente, levando em consideração seu estado físico, psíquico, intelectual.

Para o direito, o consentimento é declaração de vontade, exigem-se todos os requisitos legais à validade do negócio/ato jurídico: capacidade jurídica do agente, objeto lícito e determinado, forma prescrita ou não defesa em lei, art. 104 do Código Civil.

Cabe ainda outro esclarecimento. O que se entende por competência do paciente em Bioética distingue-se da definição jurídica de competência ou tecnicamente capacidade.

Para a bioética um paciente é competente se souber entender e valorizar a informação que o levará a tomar uma decisão.

Superada esta questão indaga-se se haveriam limitações para este consentimento do paciente.

Aquele que se coloca como profissional da saúde lidará com bens como a vida humana, a integridade física, a intimidade e, eventualmente, a imagem, a beleza, entre outros. Estes bens tem status jurídicos de direitos personalíssimos e absolutos. A pessoa tem, reconhecidamente, direito personalíssimo à vida, ao próprio corpo, à imagem, entre outros. São direitos extrapatrimoniais.

5. A LIMITAÇÃO DO CONSENTIMENTO

O titular ao dar consentimento ou consentir que se toque, trate, estes bens específicos, poderá fazê-lo de forma total e absoluta? Haverá limite somente para o que está externo nesta relação ou o titular também observará certos limites?

No Brasil há a chamada disposição ou disponibilidade controlada ou parcial.

A conclusão desde logo a ser esclarecida é que há no Brasil limitação jurídica para o consentimento do paciente.

O primeiro limite imposto ao paciente está na livre disposição de seu corpo. O indivíduo não pode concordar em ser mutilado sem que haja uma finalidade terapêutica para tal, o mesmo valendo para doação, não pode a pessoa consentir em doar órgão que acarrete sua privação absoluta.

A autonomia do paciente, e por consequência o seu consentimento está limitado por critérios que protegem a vida e a saúde. É reconhecida a tutela do Estado sobre a vida e a saúde ainda que contra a vontade de seu titular.

O conjunto de princípios constitucionais, os Direitos e Garantias Fundamentais referidos no artigo 5º da Constituição Federal, refletem este posicionamento jurídico nacional, que implicará em desdobramentos para toda a legislação infraconstitucional aplicável.

A análise do ordenamento jurídico brasileiro aponta, indubitavelmente, para a indisponibilidade da vida e da integridade física da pessoa.

A Constituição Federal de 1988 assenta o direito à vida, entre os direitos e garantias fundamentais art. 5º, caput.

O primeiro Título da Parte Especial do Código Penal brasileiro trata dos crimes contra a pessoa, destacando, em seus dois primeiros capítulos, os crimes contra a vida e o crime de lesões corporais. As ações penais a eles cominadas, na forma dolosa, são públicas incondicionadas. Há previsão da instituição do Tribunal do Júri para o julgamento dos crimes dolosos contra a vida, tamanha a sua relevância para o direito.

Nos termos do artigo 13 do Código Civil: "Salvo por exigência médica, é defeso o ato de disposição do próprio corpo, quando importar diminuição permanente da integridade física, ou contrariar os bons costumes." Assim, toda disposição de partes do corpo humano, em tese, deve atender a imperativos médicos, sendo proibida qualquer lesão voluntária à integridade física.

Na mesma proteção segue a eutanásia, ou como querem alguns autores, o suicídio assistido, conduta que o direito brasileiro repreende severamente, exigindo-se a aplicação de sanção penal àquele que auxilia o suicídio art. 122, do Código Penal.

A limitação de consentimento sobre a própria vida e corpo é ainda resguardada na medida em que o titular não terá nenhum respaldo jurídico em sua declaração de vontade se dela se sobrevier autorização para sua morte ou sequela e privação de órgão vital.

O direito brasileiro deixa de reconhecer validade às convenções firmadas entre particulares quando estas dispõem de modo a fraudar lei imperativa, artigo 166, inciso VI, do Código Civil.

A lei não permite a disponibilidade ampla do bem integridade física, sendo nulo qualquer ato firmado neste sentido, sem finalidade médica.

A tutela de interesses e direitos coletivos também oferece limitadores para a autonomia e livre arbítrio da pessoa. Em questões envolvendo medicina sanitária ou higiene pública.

Havendo interesse público que determinada medida preventiva ou mesmo curativa seja tomada para afastar uma epidemia, por exemplo, o indivíduo terá limitada sua autonomia. Situações em que além do indivíduo, a coletividade também está exposta à doença, o interesse público irá se sobrepor ao particular.

Esta limitação de autonomia não acarretará à pessoa o submeter-se à tratamento ou procedimento, mas na aplicação democrática a limitação se configura como consequência ao livre arbítrio.

Ainda que a pessoa possa consentir em se expor a determinada doença sem se proteger, assim não poderá agir, ao contrário arcará com a consequência imposta pelo Estado (Nacional ou Estrangeiro), tendo alguns limitadores em seu agir e locomoção, por exemplo, pelo bem comum coletivo. Exemplo é a necessidade de apresentação de vacinas para entradas em locais ou em países.

Se de um lado a pessoa precisa consentir para receber imunizante, por outro não pode consentir plenamente correr risco de infecção a si próprio, uma vez que estará com certos aspectos de convívio social limitados.

Outra reflexão pertinente: Em que momento e até qual fase o paciente deve ter sua vontade atendida pelo médico? E se houver conflito de vontades: a do paciente e de seus familiares, como deve se posicionar o médico na tomada de decisão para o início de um tratamento ou procedimento cirúrgico?

Em relação ao momento o Código de Ética Médica traz clara e objetiva orientação, o consentimento deve ser obtido an-

Negócios Biojurídicos 83

tes e a vontade do paciente deve ser obedecida salvo em caso de risco iminente de morte.

Afere-se que a urgência e o iminente risco de morte são limitadores da vontade do paciente e autorizadores de conduta médica diferente do padrão de normalidade.

O Código de Ética Médica reforça a autonomia e livre arbítrio da pessoa, bens caros para o sistema jurídico, no entanto a vida se emerge como valor superior no caso de risco e urgência.

Bens da vida quando colidentes devem passar por juízo de ponderação é o caso. Entre privilegiar a autonomia, ou a vida, privilegia-se a vida sendo principiológicamente a preservação da vida um limitador do consentimento.

Os chamados Direitos da Personalidade não são diferentes podendo haver um conflito axiológico dentro da ordem **jurídica específica que escolherá o** sacrifício de um valor jurídico perante outro de maior relevância.

O consentimento do paciente se submete, portanto à lógica sistemática dos Direitos da Personalidade.

O relacionamento médico paciente se estabelece entre pessoas detentoras ambas de dignidade, decoro e consciência particulares. Neste universo relacional se estabelece o consentimento objeto do presente capítulo como negócio biojurídico.

O negócio biojurídico, tal qual o clássico negócio jurídico preconiza a análise de todos os sujeitos envolvidos, sob o ponto de vista do médico emerge outro limitador ao consentimento ou autonomia do paciente.

A autonomia da vontade do paciente não pode ultrapassar as barreiras éticas e morais do profissional da saúde. O consentimento do paciente, ainda que pautado em motivos legítimos, não prevalecerá diante da consciência do profissional médico. É a chamada objeção de consciência.

O médico pode se recusar a cumprir determinado procedimento, intervenção ou tratamento, alegando um imperativo proibitivo de sua consciência, contrariando, desta forma, a vontade ou a própria manifestação espontânea de consentimento do paciente.

O Código de Ética Médica, no Capítulo que trata dos Direitos dos Médicos, em seu item IX, assim se expressa: "Recusar-se a realizar atos médicos que, embora permitidos por lei, sejam contrários aos ditames de sua consciência".

6. CONCLUSÃO

O livre arbítrio é condição natural inerente ao ser humano, sendo inclusive reconhecido pelo sistema legal, na categoria de Direito Fundamental, desmembrado na liberdade e consentimento.

Cabe ressaltar que tal Direito Fundamental para plena eficácia e concretude carece do elemento informação, emergindo o conceito Bioético do Consentimento Informado.

Tal qual os demais Direitos Fundamentais o consentimento do paciente, ainda que exercitado de forma ideal e plena, com eficácia informacional encontra limites.

Em outras palavras o consentimento do paciente não se perfaz de forma absoluta, é direito relativo que encontra limitadores no sistema de Direito que rege as relações entre iguais e a relação do indivíduo com seu próprio corpo.

O limite imposto ao sujeito caracteriza instrumento de direito como escopo de proteger a pessoa de si mesma e por via reflexa proteger o grupo social imediato em que a pessoa está inserida, e em foco ampliado proteger o Estado em eventuais custos sociais.

Desta forma o paciente é livre para consentir ou não tratamentos e procedimentos em seu corpo, exercício que poderá ser limitado nos casos explicitamente previstos pelos códigos, leis e resoluções.

REFERÊNCIAS

ARAMINI, Michele. *Introduzione alla bioetica*. 2. ed. Milano: Giuffré, 2003. p. 152-153, Apud, Revista da Faculdade de Direito da Universidade de São Paulo v. 104 p. 509 - 547 jan./dez. 2009 520 Daisy Gogliano.

BEAUCHAMP, TL, Childress JF. *Principles of medical ethics*. 2. ed. New York: Oxford University Press, 1985.

CLOTET, J. *Por que bioética?* Bioética 1993;1:13-17.

CLOTET, J. *Consentimento informado nos Comitês de Ética em Pesquisa e na prática médica: conceituação, origens e atualidade*. Bioética 1995;3:51-9.

CULVER, Charles M.. *Competência do Paciente*. Trad. Patrícia Roffo de Nelson. In SEGRE, Marco; COHEN, Claudio. (Orgs.). Bioética. 3. ed. rev. e ampl. São Paulo: Editora da Universidade de São Paulo, 2002. p. 95-105. (Coleção Fac. Med. USP 2).

DANTAS, Eduardo; Coltri, Marcos Vinicius Coltri. *Comentários ao Código de Ética Médica*: Resolução CFM nº1931/2009. Rio de Janeiro: GZ Ed., 2010, p.106.

Dicionário Michaelis. Disponível em: <https://michaelis.uol.com.br/moderno-portugues/busca/portugues-brasileiro/consentimento>. Consulta em 20/06/2022.

FABBRO, Leonardo. *Limitações Jurídicas à Autonomia do Paciente*. Bioética, Brasília, v. 7, n. 1, p. 7-12,1999. Periodicidade semestral.

FORTES, Paulo Antônio de Carvalho. *Reflexões sobre a Bioética e o Consentimento Esclarecido*. Bioética, Brasília, v. 2, n. 2, p. 129-135, 1994. Periodicidade semestral.

GARRAFA, Volnei. *Reflexões Bioéticas Sobre Ciência, Saúde e Cidadania*. Bioética. Brasília, v. 7, n. 1, p. 13-20,1999. Periodicidade semestral.

GOGLIANO, Daisy. Revista da Faculdade de Direito da Universidade de São Paulo v. 104 p. 509 - 547 jan./dez. 2009 520.

GOLDIM, José. *Consentimento e informação: a importância da qualidade do texto utilizado*. Rev HCPA 2006;26(3).

HOSSNE, William Saad. *Competência do Médico*. In SEGRE, Marco; COHEN, Claudio. (Orgs.). Bioética. 3. ed. rev. e ampl. São Paulo: Editora da Universidade de São Paulo, 2002. p. 106-118. (Coleção Fac. Med. USP 2).

KFOURI NETO, Miguel. *Responsabilidade Civil do Médico*. 8ª edição revista, atualizada e ampliada, Editora Revista dos Tribunais, 2013.

LEITE, Rita de Cássia Curvo. *Os direitos da personalidade*. In SANTOS, Maria Celeste Cordeiro Leite. (Org.) Biodireito: ciência da vida, os novos desafios. São Paulo: Revista dos Tribuniais, 2001. LEPARGNEUR, Hubert.

LEPARGNEUR, Hubert. *Força e Fraqueza dos Princípios da Bioética*. Bioética, Brasília, v. 4, n. 2, p. 131-143,1996. Periodicidade semestral.

MIRANDA, Pontes. *Tratado de Direito Privado*. Introdução: pessoas físicas e jurídicas, atualizado por Judith Martins-Costa. [et al.] Editora Revista dos Tribunais, 2012 (coleção tratado de direito privado: parte geral; 1) p.251.

NEVES, Maria. *Revista Bioética* - Thomas Percival: tradição e inovação. Bioética nº 11 de 27-11-2003 12/1/03. Bioética 2003-vol.11-nº1.

PRADO, Luiz Regis. *Curso de direito penal brasileiro*. volume 2: parte especial: arts. 121 a 183. 2. ed. rev., atual, e ampl. São Paulo: Revista dos Tribunais, 2002.

SEGRE, Marco. *Definição de Bioética e sua Relação com a Ética*. i si v,' ; Deontologia e Diceologia. In SfIGRE, Marco; COHEN, Claudio. (Orgs.). Bioética. 3. ed. rev. e ampl. São Paulo: Editora da Universidade de São Paulo, 2002a. p. 27-34. (Coleção Fac. Med. USP 2).

SOARES, André Marcelo M. *Bioética*. In SOARES, André Marcelo M..; PINEIRO, Walter Esteves. Bioética e biodireito: uma introdução. São Paulo: Loyola, 2002. p.11-5fc. (Coleção Gestão em Saúde 1).

WIKIPEDIA. Disponível em: <https://pt.wikipedia.org/wiki/Consentimento_informado>. Consulta em 20/06/2022.

MEDICINA BASEADA EM EVIDÊNCIAS COMO GARANTIA DA AUTONOMIA.

JOSÉ WALTER BENETTI JÚNIOR[1]
NICOLE RAMALHO PRADO DOS SANTOS[2]
BRUNNA PIRES BARBOSA LOPES[3]

INTRODUÇÃO

A qualidade de vida e a saúde tem se tornado, cada vez mais, matéria premente na sociedade atual, como o notório crescimento de interesse social percebido durante advento da pandemia da covid-19, onde as pessoas analisaram os serviços de saúde que estavam disponíveis sob uma lupa ainda mais acautelada.

Historicamente, considerou-se que o médico seria o mais apto a decidir pelos seus assistidos, por ser a figura que detém o conhecimento técnico, e a saúde resumia-se essencialmente a aspectos biológicos, de modo que bastava o profissional empregar seus conhecimentos médicos para curar ou

---

[1] Médico, mestre e doutor em Tocoginecologia – Unicamp. Advogado, Especialista em Processo Civil - Mackenzie Campinas, Doutorando em Bioética, FM Universidade do Porto.
[2] Bacharela pela FDUSP, advogada.
[3] Advogada, Pós Graduada em Direito Médico, Odontológico e da Saúde pelo Instituto Goiano de Direito.

oferecer algum alívio, sendo dispensável o diálogo com o paciente com vistas a compreender seus desejos.

Essa dinâmica, entretanto, transformou-se e ainda se transforma. A relação que se estabelece entre um(a) médico(a) e seu(sua) paciente pode ser considerada uma das diversas espécies de negócio jurídico, até certo ponto *sui generis* pelo objeto em negociação ser, de certa maneira, a própria vida de um dos atores deste negócio, estando a autonomia de vontade explicitada nesta relação.

Diante desta realidade fática, é importante sabermos quais são os comemorativos relacionados neste negócio jurídico para que o mesmo possa ser válido, em particular com vistas à preservação da autonomia dos partícipes.

No presente artigo, inicialmente será feita uma breve introdução da profissão médica e sua forma particular de prestação de serviço, passando pelo enquadramento desta relação na visão do Código de Defesa do Consumidor, posteriormente será avaliado como os tribunais vêm a questão da prestação de informação neste negócio jurídico específico, e finalizando com a que hoje é vista como fonte da melhor prestação de informações, e como ela funciona na prática.

1. A MEDICINA HOJE:

A Medicina na sua concepção de cuidar dos enfermos e aliviar seu sofrimento vem desde tempos imemoriais, estando inicialmente atrelada à magia e a religião, e foi com a escola hipocrática[1] que tivemos inicialmente uma separação entre eles, afastando as crenças em causas sobrenaturais das doenças, produzindo assim as fundações da medicina racional e científica. Também a escola hipocrática deu *"um sentido de dignidade à profissão médica, estabelecendo as normas éticas de*

---

[1] Disponível em: https://static.scielo.org/scielobooks/8kf92/pdf/rezende-9788561673635.pdf p. 31.

conduta que devem nortear a vida do médico, tanto no exercício profissional, como fora dele".

No Brasil, as condutas dos médicos sempre estiveram condicionadas pelos ditames éticos, sendo que em 1829 foi criada a Academia Imperial de Medicina, e em 1867 o Brasil adotou o Código de Ética da Associação Médica Americana[2], mas somente em 1945 foram criados os *"Conselhos de Medicina destinados a zelar pela fiel observância dos princípios da ética profissional no exercício da medicina"*, regulamentados em 1957.

Apenas recentemente esse exercício profissional foi regulamentado através da lei nº 12.842, de 10 de julho de 2013, que dispõe sobre o exercício da Medicina, que coloca que "*o objeto da atuação do médico é a saúde do ser humano e das coletividades humanas, em benefício da qual deverá agir com o máximo de zelo, com o melhor de sua capacidade profissional e sem discriminação de qualquer natureza*", sendo o ato médico ação basilar que pode definir esta profissão:

> O ato médico deve ser definido como todo procedimento da competência e responsabilidade exclusivas do médico no exercício de sua profissão, em benefício do ser humano individualmente ou da sociedade como um todo, visando à preservação da saúde, à prevenção das doenças, à identificação dos estados mórbidos, ao tratamento e à reabilitação do enfermo.[3]

Para garantir a fiel execução do trabalho médico, existe um arcabouço normativo, e dentre as normas que regem a medicina temos o código de ética médica, que na sua última versão regulamentada pela Resolução CFM nº 2.217 de 27 de setembro de 2018[4], apresenta em seu capítulo I dos *Princí-*

---

[2] Monte FQ. Ética médica: evolução histórica e conceitos. Revista Bioética, 2009 17 (3): 407 – 428.

[3] Disponível em: https://static.scielo.org/scielobooks/8kf92/pdf/rezende-9788561673635.pdf p. 111.

[4] Disponível em: https://www.in.gov.br/materia/-/asset_publisher/Kujrw0TZC2Mb/content/id/48226289.

pios Fundamentais que a medicina atual, e consequentemente a atuação médica, está condicionada ao uso do progresso científico disponível:

> II - *O alvo de toda a atenção do médico é a saúde do ser humano, em benefício da qual deverá agir com o máximo de zelo e o **melhor de sua capacidade profissional**.* ...
> V - *Compete ao médico aprimorar continuamente seus conhecimentos e **usar o melhor do progresso científico** em benefício do paciente e da sociedade.* (grifo nosso)

Apreende se assim que a profissão médica tem conectada ao seu exercício a necessidade da utilização da ciência como base de sua atuação, e ainda mais premente a realidade de que a ciência a ser utilizada deve ser aquela mais atual e baseada nos melhores subsídios disponíveis, vinculada ao progresso científico de cada área de atuação médica em particular.

A atuação médica é uma relação entre indivíduos, com uma conjunção de autonomias e união de conhecimentos; estando lado a lado o profissional médico com sua expertise técnica e o paciente com sua realidade pessoal, ambos imersos em seus valores. Quando do tratamento de saúde, e consequentemente da tomada de decisões, é necessária a intersecção entre estes universos individuais; estando o melhor do progresso científico, conhecimento e capacidade técnica do profissional médico enredados com a cultura e valores do paciente, tudo isto em determinado local e tempo histórico.

A medicina que por muito tempo fundou-se nas experiências pessoais dos profissionais médicos, na opinião baseada na autoridade dos indivíduos com maiores títulos acadêmicos e nas teorias fisiopatológicas para determinar o melhor tratamento e melhor conduta visando o bem do paciente; vem se modificando em decorrência do progressivo aumento da complexidade das ciências da saúde e da sociedade como um todo, aumentando assim em muito as situações com questões difíceis e até controversas, onde é necessário mais do que apenas a experiência pessoal do médico para a escolha das bases para a tomada de decisões, significando que nas últimas décadas temos presenciado uma contínua mudança de paradigmas quanto à escolha das melhores informações na área da saúde, e em particular na medicina, indo ao encontro das bases científicas para a tomada de decisões.

Neste avançar da compreensão da sociedade quanto ao trabalho médico e sua consequente normatização, no Brasil marco importante foi o Código de Defesa do Consumidor (CDC), com a acepção de prestação de serviço que engloba a atenção à saúde; sendo a proteção da vida, saúde, segurança, a informação adequada e clara sobre os serviços e direitos fundamentais do consumidor.

2. RELAÇÃO MÉDICO-PACIENTE SOB A ÓTICA DO CÓDIGO DE DEFESA DO CONSUMIDOR

Os novos paradigmas que exsurgem sobre o assunto levantaram questionamentos que, apesar de reprimidos, sempre detiveram de máxima importância. Um desses questionamentos diz respeito à possibilidade da aplicação do Código de Defesa do Consumidor aos serviços médicos.

Embora exista uma forte inclinação dos nossos Tribunais no sentido autorizativo, permanece a discordância doutrinária acerca do assunto. Portanto, o debate ainda é válido.

De um lado, há quem diga que o respeito ao aspecto afetivo que ampara a relação médico-paciente é imaculado e a utilização do CDC nesses casos funciona como coisificação desse vínculo.

Em contrapartida, há quem entenda que os pacientes, quando equiparados aos consumidores estão sendo protegidos em sua vulnerabilidade e que da aplicação da Norma Consumerista decorrem numerosos benefícios.

Para adentrar à discussão, além de dominar alguns dos conceitos apresentados pelo Diploma Protecionista e relacioná-los com a prestação de serviços médicos, faz-se necessário perceber as consequências de sua aplicação nesses casos, sob a ótica do entendimento jurisprudencial acerca do tema.

Pelo CDC, pode-se definir consumidor como sendo "*toda pessoa física ou jurídica que adquire ou utiliza produto ou serviço como destinatário final*". Sobre a figura do fornecedor, segundo o mesmo diploma, seria

> toda pessoa física ou jurídica, pública ou privada, nacional ou estrangeira, bem como os entes despersonalizados, que desenvolvem atividade de produção, montagem, criação, construção, transformação, importação, exportação, distribuição ou comercialização de produtos ou prestação de serviços.

Tão relevante quanto, tem-se o conceito de serviços que, por sua vez, é entendido como "*qualquer atividade fornecida no mercado de consumo, mediante remuneração, inclusive as de natureza bancária, financeira, de crédito e securitária, salvo as decorrentes das relações de caráter trabalhista*".

O trato entre o profissional da medicina e seu paciente é dotado de características que são encontradas com menos frequência em uma relação de consumo ordinária, vez que envolve um outro nível de confiança e invade uma seara muito íntima do indivíduo: sua higidez.

Nada obstante, inegável é a afinidade entre os conceitos acima narrados e o cerne do atendimento médico. O paciente equipara-se ao consumidor, ao passo que o médico assume o papel de fornecedor de serviços e os serviços que vinculam os dois também se encaixam na definição do CODEC.

Em sua posição majoritária, a doutrina reconhece a prática da medicina como uma relação de consumo. Para elucidar a afirmação, tem-se o posicionamento de Eduardo Dantas:

> Nos parece claro que o paciente, ao contratar a execução de um serviço médico, desde uma simples consulta a um procedimento cirúrgico, seja ele considerado um consumidor dos serviços oferecidos por este profissional. Em contrapartida, este último, ao oferecer seus conhecimentos de forma remunerada a uma variada gama de consumidores, está se enquadrando na definição de fornecedor contida no Código de Defesa do Consumidor (e aí se retorna à expressão

> *"qualquer atividade oferecida no mercado de consumo", já devidamente comentada).*[5]

Lado outro, existe uma minoria defendendo que a relação médico-paciente não pode ser analisada sob a ótica consumerista em decorrência da natureza subjetiva da responsabilidade que dispõe o profissional da medicina, devendo, a eles, ser aplicado o disposto no Código Civil e não do CDC. É o caso de Antônio Couto Filho e Alex Souza Pereira:

> *Tratar a relação médico/paciente como relação de consumo é impingir àquela o mesmo risco existente na prestação de um serviço preciso e exato, como consertar um cano, tarefa na qual a rosca tem de ser do mesmo tamanho da entrada do cano, ou ainda, de fabricar uma série de um produto qualquer, na qual, sem dúvida, poderá sair com defeito. Quando falamos de prestação de serviço de saúde, estamos diante de algo inexato, pois, mesmo quando o serviço é prestado corretamente, fatores totalmente alheios ao prestador podem ocorrer.*[6]

Contudo, nossos Tribunais há muito vêm caminhando para uma pacificação no entendimento da possibilidade de incidência normativa consumerista às atividades médicas.

Essa perspectiva gera algumas peculiaridades alusivas à demanda médica que merecem ser observadas com maior cautela, como exposto a seguir.

2.1. INVERSÃO DO ÔNUS DA PROVA

O primeiro quesito a ser esmiuçado diz respeito à inversão do ônus da prova. Se considerarmos o disposto no artigo 373, I, do Código de Processo Civil, estando diante de uma demanda judicial contra o médico em decorrência de um erro – seja ele por ação ou omissão – quem deverá fazer

---

[5] DANTAS, Eduardo. **Direito Médico**. 5ª ed. Salvador: Juspodivm, 2021. p.75.

[6] COUTO FILHO, Antônio; SOUZA PEREIRA, Alex. **Responsabilidade civil médica e hospitalar**. 2ª ed. Lúmen juris: Rio de Janeiro, 2008, p. 64.

prova de seu direito é o autor dele (nesse caso, o paciente ou seus familiares).

Compartilha do mesmo princípio o Código de Processo Penal, que inflexivelmente dispõe em seu art. 156 que *"a prova da alegação incumbirá a quem a fizer"*.

Sucede que, em algumas situações práticas, haverá maior dificuldade na produção de provas pelo paciente. Por vezes, quem tem mais facilidade em acessar os documentos, exames e dados é o médico, ficando o demandante em notória desvantagem. Indiscutível é a importância da inversão do ônus da prova como instrumento jurídico nesse caso.

É essa hipossuficiência técnica que o CDC intenta sanar com a norma prevista no artigo 6ª, VIII do diploma:

> CDC: Art. 6º São direitos básicos do consumidor:
> VIII - a facilitação da defesa de seus direitos, inclusive com a inversão do ônus da prova, a seu favor, no processo civil, quando, a critério do juiz, for verossímil a alegação ou quando for ele hipossuficiente, segundo as regras ordinárias de experiências;

Cabe dizer que essa troca de responsabilidade probatória não é automática, devendo ser consideradas as particularidades do caso concreto. De todo modo, é inquestionável o benefício do paciente quando da aplicação do dispositivo legal.

A inversão do ônus da prova foi, por conseguinte, embasada no reconhecimento do paciente como vulnerável e hipossuficiente. Esse reconhecimento gerou a busca de mecanismos que lhe aliviassem do ônus da prova. Pressupõe que dessa forma haverá mais equilíbrio entre as partes, principalmente quando de relações entre desiguais, nas quais uma das partes detém mais poder econômico, conhecimento ou vantagens, como ocorre na relação fornecedor-consumidor. A inversão consiste em fazer com que, em caso de comprovado dano, não recaia sobre o paciente a obrigação de provar o erro médico, mas ao médico a obrigatoriedade de provar que agiu *lege artis* ou, pelo menos, que não há nexo causal entre o dano alegado e sua conduta. Por sua vez, com a incidência da norma consumerista, caiu por terra qualquer discussão acerca da natureza da responsabilidade civil do médico, vez que o artigo 14, §4º torna-a declaradamente *subjetiva*. Significa dizer que é fundamental que se estabeleça um nexo de causalidade entre a conduta culposa do médico e o resultado lesivo ao paciente. Sem a comprovação de uma atuação negligente, imprudente ou imperita não há como imputar a responsabilidade de ressarcimento do dano ao profissional.

Na hipótese de aplicação do artigo supra, ao inverter o ônus da prova, não se está impondo produção de prova negativa ao médico. Ele não deve provar que não agiu com culpa, e sim demonstrar que prestou os melhores cuidados possíveis, indicando a forma que empregou seus conhecimentos, como diagnosticou seu paciente, como ministrou a medicação, entre outras especificidades a depender do caso.

Diante disso, vale enfatizar o posicionamento da corrente discordante à utilização do artigo 6º, VIII, em demandas contra os médicos. Esses doutrinadores defendem que inverter o *onus probandi* tornaria objetiva a responsabilidade dos profissionais. Exemplarmente, tem-se a lição do saudoso Desembargador do Rio Grande do Sul, Dr. Tupinambá Nascimento:

> *O profissional liberal, nos limites expostos, tem a garantia de responsabilidade subjetiva pelo fornecimento do serviço. Diz, em contrapartida o art. 6º, VIII, do Código de Defesa de Proteção, ser direito básico do consumidor, para facilitar a defesa de seus direitos, pode o juiz inverter o ônus da prova no processo civil. O que se indaga é se o juiz pode inverter o ônus da prova quanto ao profissional liberal, dispensando o consumidor de comprovar a culpa e atribuindo ao profissional liberal o ônus de comprovar não ter agido com culpa. Entendemos que não, porque a responsabilidade subjetiva para ele é uma garantia, que o juiz não pode revogar. A lei dispôs expressamente e, por isso, é intocável por despacho judicial.*[7]

Com efeito, por ser a inversão do ônus probatório questão meramente processual, sua aplicação não tem o condão de

---

7 NASCIMENTO, Tupinambá Miguel Castro do. **Responsabilidade Civil no Código do Consumidor**. Rio de Janeiro: Aide Editora. 1991, p. 51.

alterar, por si só, a natureza jurídica da responsabilidade do profissional. Além do mais, não se presume culpa com a sua determinação.

Em nosso ordenamento existem decisões em sentidos discrepantes, algumas outorgam e outras não[8]. No entanto, em nenhuma delas é questionada a aplicabilidade geral do instituto, somente se é cabível no caso apresentado, sendo, à vista disso, o artigo 6°, VIII do CDC visivelmente admissível nos conflitos entre médico e paciente.

2.2. PRAZO PRESCRICIONAL

No que diz respeito ao prazo para demandar reparação indenizatória por suposto erro médico, prevalece a norma do artigo 27 do Diploma Protecionista[9], prescrevendo a pretensão, portanto, em cinco anos, consoante demonstrado pelos acórdãos a seguir transcritos:

> *Instrumento – Ação de indenização – Erro médico – Prazo prescricional – Art. 27 do CDC – 1.* **Encontra-se pacificado no âmbito do Superior Tribunal de Justiça que o prazo prescricional, na relação médica profissional-cliente, na condição de consumidor, é o ajustado no art. 27 do CDC.** *Precedentes.2. Agravo regimental a que se nega provimento.*[10]*Processual civil – Agravo regimental no agravo em recurso especial – Responsabilidade civil – Erro médico – Prescrição – Termo inicial – Reexame do conjunto fático-probatório dos autos – Inadmissibilidade – Súmula n. 7 do STJ – Decisão mantida – 1.* **Consoante a jurisprudência deste**

---

[8] A título de exemplo – **RESP n° 81.101-PR**: a 3ª Turma do Superior Tribunal de Justiça admitiu, com base no Código consumista, a inversão do ônus da prova; **RESP N° 122.505-SP**: a mesma Turma afastou a sua aplicação à vista das circunstâncias do caso concreto.

[9] Art. 27, CDC - Prescreve em cinco anos a pretensão à reparação pelos danos causados por fato do produto ou do serviço prevista na Seção II deste Capítulo, iniciando-se a contagem do prazo a partir do conhecimento do dano e de sua autoria.

[10] AgRg no Ag n. 1.278.549/RS – Relator Ministro Luís Felipe Salomão, Quarta Turma, julgado em 28/6/2011, DJe 1/7/2011.

STJ, aplica-se o Código de Defesa do Consumidor aos serviços médicos, inclusive o prazo prescricional previsto no art. 27 do CDC. (...) 4. Agravo regimental a que se nega provimento.[11]

Digno de redobrada atenção é o marco inicial da contagem do prazo. São contados cinco anos *a partir do conhecimento do dano e de sua autoria* e não da concretização do alegado erro.

Esta distinção é especialmente importante quando se trata de situações em que o dano causado não é visível ou imediatamente identificável, tais como o esquecimento de material cirúrgico dentro do corpo do paciente, a remoção equivocada de determinado órgão no lugar de outro, ou mesmo a realização de tratamento ou procedimento inadequado ao quadro clínico do paciente, situações em que, via de regra, só vêm apresentar consequências após a passagem de determinado lapso de tempo.[12] Um exemplo da importância de se respeitar a parte final desse dispositivo, consolida-se no midiático caso em que o STJ autorizou a possibilidade de reparação financeira à uma mulher que somente descobriu ter sofrido erro médico dezesseis anos após o ocorrido.

A vítima fez uma cesariana em 1979 e apenas no ano de 1995 constatou, em um exame de rotina, a presença de uma agulha cirúrgica deixada em seu abdome durante o procedimento.

Por não apresentar nenhum sintoma, foi-lhe aconselhado a não retirar o objeto. Ocorre que em novembro de 2000, queixando-se de fortes dores no corpo, a vítima fez novos exames e seu médico assistente recomendou a imediata extração da agulha.

O juízo de primeira instância e o Tribunal *a quo* consideraram que a pretensão prescricional teve início no dia que o procedimento foi realizado, estando portanto, vencido. Po-

---

[11] AgRg no AREsp 499.193/RS – Relator Ministro Antônio Carlos Ferreira, Quarta Turma, julgado em 3/2/2015, DJe 10/02/2015.

[12] Dantas, Eduardo. **Direito Médico.** 5ª ed. Salvador: Juspodivm, 2021. p. 98.

rém, em sede de Recurso Especial, o Relator Ministro João Otávio de Noronha afastou a prescrição com base no princípio *actio nata*, uma vez que não é possível pretender que alguém ajuíze uma ação sem que ela tenha exata ciência do dano sofrido. Eis a ementa do acórdão em questão:

> RECURSO ESPECIAL. RESPONSABILIDADE CIVIL. ERRO MÉDICO. CONHECIMENTO DA LESÃO POSTERIORMENTE AO FATO LESIVO. PRESCRIÇÃO. TERMO A QUO. DATA DA CIÊNCIA. 1. *Ignorando a parte que em seu corpo foram deixados instrumentos utilizados em procedimento cirúrgico, a lesão ao direito subjetivo é desconhecida e não há como a pretensão ser demandada em juízo.* 2. **O termo a quo do prazo prescricional é a data em que o lesado tomou conhecimento da existência do corpo estranho deixado no seu abdome.** 3. *Recurso especial conhecido em parte e provido.*[13]

À época, a pretensão da reparação civil derivada de contrato prescrevia em três anos – conforme dispõe o art. 206, §3º, V do Código Civil. Hoje, o entendimento do Superior Tribunal de Justiça coaduna com o prazo prescricional de cinco anos previsto pelo Código de Defesa do Consumidor, conforme exposto.

2.3. COMPETÊNCIA PARA JULGAMENTO

Com a aplicação do Código Consumerista na seara médica também desponta uma regra específica quanto à competência territorial. Trata-se do artigo 101, I do referido diploma:

> *Na ação de responsabilidade civil do fornecedor de produtos e serviços, sem prejuízo do disposto nos Capítulos I e II deste título, serão observadas as seguintes normas:*
> *I - a ação pode ser proposta no domicílio do autor;*

Os precedentes do Superior Tribunal de Justiça também estão alinhados nesse mesmo sentido. Exemplificando:

> PROCESSUAL CIVIL - CONFLITO NEGATIVO DE COMPETÊNCIA - AÇÃO DE INDENIZAÇÃO DECORRENTE DA PRESTAÇÃO DE SER-

---

[13] REsp n. 1.020.801/SP, relator Ministro João Otávio de Noronha, Quarta Turma, julgado em 26/4/2011, DJe de 3/5/2011.

VIÇOS MÉDICOS - CODECON I - *O Código de Defesa do Consumidor autoriza seja a ação de indenização por prestação de serviços médicos proposta no foro do domicílio do Autor - art. 101, I, CODECON. II - Conflito conhecido e declarado competente o Juízo suscitado.*[14]
Código de defesa do consumidor. Competência. Responsabilidade do fornecedor de serviços. Médico. *A ação de responsabilidade por dano decorrente da prestação de serviço médico pode ser proposta no foro de domicílio do autor (artigo 101, I do CODECON), ainda que a responsabilidade do profissional liberal dependa da prova de sua culpa (art. 14, parágrafo 4. Do CODECON). Recurso não conhecido.*[15]

Ainda que o atendimento médico tenha sido realizado em local diverso e, antes mesmo que o profissional possa se manifestar acerca da existência ou inexistência de uma conduta culposa de sua parte, o foro do domicílio do consumidor/paciente prevalece, sendo nula de pleno direito a cláusula de foro de eleição firmado em contrato de adesão.

Ademais, quando o consumidor elege, por conveniência a competência territorial, ela não pode ser afastada de ofício pelo juiz, fruto da vedação constante do enunciado da Súmula 33 do Superior Tribunal de Justiça.

À vista disso, desde que a demanda esteja vinculada com a relação de consumo – no caso, prestação de serviços médicos ao paciente – imperioso o entendimento de incidência da competência territorial prevista no CDC.

2.4. APRESENTAÇÃO DE ORÇAMENTO PRÉVIO

Outro ponto delicado a ser acendido diz respeito à remuneração do serviço prestado. No Código de Defesa do Consumidor existem normativas que se referem justamente à trans-

---

[14] CC n. 23.921/SC – Relator Ministro Waldemar Zveiter, Segunda Seção, julgado em 12/5/1999, DJ de 28/6/1999, p. 46.

[15] REsp n. 80.276/SP – Relator Ministro Ruy Rosado de Aguiar, Quarta Turma, julgado em 12/2/1996, DJ de 25/3/1996, p. 8586.

parência nos custos do serviço, pretendendo evitar surpresas ao cliente. Trata-se dos artigos 39 e 40 do Diploma[16].

Pelo exposto, o fornecedor de produtos ou serviços é obrigado a entregar orçamento prévio e detalhado ao consumidor, discriminando o valor de cada material, equipamento, mão-de-obra, as condições para pagamento e, ainda, as datas de início e fim dos serviços contratados.

Esse orçamento deve ter validade mínima de dez dias e vincula as partes, somente podendo ser alterado mediante livre negociação entre elas. O consumidor fica isento de responsabilidade por quaisquer ônus ou acréscimos decorrentes da contratação de serviços de terceiros não previstos na estimativa prévia.

Os dispositivos também vedam a execução dos serviços sem a autorização expressa do cliente, ressalvadas aquelas decorrentes de práticas anteriores entre as partes.

Alinhando o disposto ao campo que nos interessa, discute-se sobre a eficácia da utilização desses preceitos no exercício da atividade médica.

A medicina é uma ciência multiforme, na prática, um simples detalhe pode alterar todo o curso antes projetado pelo

---

16 **Art. 39.** É vedado ao fornecedor de produtos ou serviços, dentre outras práticas abusivas: VI - executar serviços sem a prévia elaboração de orçamento e autorização expressa do consumidor, ressalvadas as decorrentes de práticas anteriores entre as partes;

Art. 40. O fornecedor de serviço será obrigado a entregar ao consumidor orçamento prévio discriminando o valor da mão-de-obra, dos materiais e equipamentos a serem empregados, as condições de pagamento, bem como as datas de início e término dos serviços. § 1º Salvo estipulação em contrário, o valor orçado terá validade pelo prazo de dez dias, contado de seu recebimento pelo consumidor. § 2º Uma vez aprovado pelo consumidor, o orçamento obriga os contraentes e somente pode ser alterado mediante livre negociação das partes. § 3º O consumidor não responde por quaisquer ônus ou acréscimos decorrentes da contratação de serviços de terceiros não previstos no orçamento prévio.

profissional. Intercorrências vão acontecer e numerosas são as variáveis que devem ser consideradas caso a caso.

Determinar antecipadamente os vencimentos devidos ao profissional em troca de seus serviços, sem chances de alteração ou discussão seria, para dizer o mínimo, injusto.

Por outro lado, há que se observar que um dos pilares essenciais para o bom funcionamento da relação médico-paciente é a transparência. Também não seria correto permitir que o profissional possa ajustar arbitrária e ulteriormente o valor de seus honorários, exigindo que a obrigação seja acertada em seus próprios termos.

Considerando que na medicina nem sempre será possível determinar de forma antecipada a data final dos serviços contratados ou se haverá necessidade de contratação intercorrente de outros serviços, – geralmente derivados de urgência ou emergência – a saída remanescente é detalhar os riscos e custos previsíveis, notificando sua possibilidade ao paciente, através de um termo de consentimento.

Essa solução salomônica encontrada pelo Código que guarda os preceitos éticos da medicina está prevista na inteligência dos artigos 22 e 61:

> É vedado ao médico
> (...)
> *Art. 22. Deixar de obter consentimento do paciente ou de seu representante legal após esclarecê-lo sobre o procedimento a ser realizado, salvo em caso de risco iminente de morte.*
> (...)
> *Art. 61. Deixar de ajustar previamente com o paciente o custo estimado dos procedimentos.*

Até a edição de 1988 do Código de Ética Médica[17], o orçamento prévio deveria ser solicitado pelo paciente. A partir de 2009, essa condição deixou de existir, igualando o norteador da ética ao afamado Diploma Protecionista.

---

17 **Código de Ética Médica, versão de 1988** - Art. 90 – Deixar de ajustar previamente com o paciente o custo provável dos procedimentos propostos, **quando solicitado.**

Tal alteração de conduta decorre, dentre outros, de elementos bioéticos e civis. Sob o prisma bioético ou civil, o paciente tem direito de ver respeitada a sua autonomia. Assim, caso não concorde com os custos estimados (e desde que não se trate de caso de urgência, emergência), o paciente poderá procurar outro profissional para realizar o procedimento (ou até mesmo não realizar o procedimento com nenhum profissional).[18]

O professor Genival Veloso, em sua obra, tratou do tema com firmeza em suas palavras, indicando, dentre outras sanções, a possibilidade de aplicação da multa prevista pelo CDC[19] em casos de não apresentação do orçamento:

> É claro que não se pode cogitar no ato médico do início e do término da prestação de serviços, por ser a doença e a saúde de cursos muito imprevisíveis. No entanto, acredito que são procedentes os cuidados ali recomendados. Caso essa elaboração de orçamento não seja considerada, com exceção dos casos de urgência ou emergência, tal descumprimento pode levar o médico a ser punido na forma dos artigos 56, I e 57 do supradito Código, podendo ainda sofrer sanções administrativas sobre a pessoa física ou a pessoa jurídica, e, no caso desta última, até a intervenção com nomeação de interventores ou suspensão temporária ou definitiva da atividade de prestador de serviços. [20]Quanto à matéria, o próprio Conselho Federal de Medicina

---

18 COLTRI, Marcos Vinícius. Dantas, Eduardo. **Comentários ao Código de Ética Médica.** 3º Ed. Salvador: Juspodivm, 2020, p. 273.

19 CDC – Art. 56. As infrações das normas de defesa do consumidor ficam sujeitas, conforme o caso, às seguintes sanções administrativas, sem prejuízo das de natureza civil, penal e das definidas em normas específicas: **I** - multa;

Art. 57. A pena de multa, graduada de acordo com a gravidade da infração, a vantagem auferida e a condição econômica do fornecedor, será aplicada mediante procedimento administrativo, revertendo para o Fundo de que trata a Lei nº 7.347, de 24 de julho de 1985, os valores cabíveis à União, ou para os Fundos estaduais ou municipais de proteção ao consumidor nos demais casos.

20 FRANÇA, Genival Veloso. **Comentários ao Código de Ética Médica.** 7ª Ed. Rio de Janeiro: Guanabara Koogan, 2021, p. 189.

já se posicionou quando procedeu com a emissão do Parecer Consulta nº 24 de 1997.

Para Sérgio Ibiapina, conselheiro relator responsável, *a fixação dos honorários profissionais fica subordinada a um acerto entre as partes, jamais podendo o médico, por coação, omitir-se diante dos casos de emergência ou quando sua omissão vier a causar dano ao paciente.*[21]

Dessa forma, notória é a influência da Lei Consumerista na seara médica, também no que diz respeito à apresentação de orçamento prévio ao paciente.

3. INFORMAÇÃO COMO FUNDAMENTO DA TOMADA DE DECISÃO LIVRE E ESCLARECIDA POR PARTE DOS AGENTES DO NJ (MÉDICO E PACIENTE) + AUTONOMIA BASEADA NAS MELHORES INFORMAÇÕES

Hoje, entende-se que saúde corresponde a um bem-estar global, que envolve não apenas o aspecto biológico, mas também o psicológico, o religioso, o cultural, o étnico, o etário, o existencial. Logo, todos esses aspectos influenciam em alguma medida no quadro clínico e no tratamento do paciente, impedindo o médico de realizar um trabalho pleno apenas com seus conhecimentos técnicos.

Pontua-se que o conhecimento técnico não perdeu seu valor. Pelo contrário, segue fundamentando a conduta médica, em especial diante dos atuais avanços científicos. O que se defende é a conciliação do conhecimento médico com as expectativas pessoais do paciente sobre sua vida, sua saúde, sua mente, seu corpo para que as melhores condutas sejam adotadas.

Há, portanto, a valorização do direito do paciente à autodeterminação.

---

[21] Parecer Consulta nº 24 de 1997, CFM.

O direito à autodeterminação, ou da autonomia da vontade, é uma garantia constitucional. Segundo o art. 5º, II, da Constituição Federal de 1988, "ninguém será obrigado a fazer ou deixar de fazer alguma coisa senão em virtude de lei". Decorre do reconhecimento da pessoa humana e de sua dignidade, além de ser uma expressão do direito à liberdade.

No contexto da saúde, frente à assimetria de informações entre médico e paciente, entende-se que esse direito apenas é plenamente exercido quando ao paciente são transferidas todas as informações técnicas pertinentes, tais como detalhes do quadro de saúde, diagnóstico, prognóstico, alternativas de tratamento, benefícios e riscos de cada conduta, efeitos secundários, complicações, cuidados pré e pós procedimentos. Desse modo, o paciente poderá confrontar essas informações com seus valores e suas expectativas para, então, tomar uma decisão mais acertada acerca de sua vida, sua saúde, seu corpo e, por fim, consentir em se submeter a determinado procedimento.

Privar o paciente de informações técnicas claras e precisas o impede de ter uma visão global de seu caso e, consequentemente, o impossibilita de realizar o confronto e a ponderação supramencionados entre as possibilidades oferecidas pela Medicina e seus desejos para a própria vida. Grosso modo, portanto, quando retém informações pertinentes, o médico tende a decidir pelo paciente, suprimindo seu direito de se autodeterminar.

Essa atitude, além de contrariar a Constituição Federal, infringe o princípio da boa-fé objetiva e é expressamente vedada pelo Código de Ética Médica, pelo Código Civil e pelo Código de Defesa do Consumidor.

Código de Ética Médica
Capítulo IV - Direitos Humanos
É vedado ao médico:
Art. 22. Deixar de obter consentimento do paciente ou de seu representante legal após esclarecê-lo sobre o procedimento a ser realizado, salvo em caso de risco iminente de morte.

Código Civil
Capítulo II – Dos Direito da Personalidade
Art. 15. Ninguém pode ser constrangido a submeter-se, com risco de vida, a tratamento médico ou a intervenção cirúrgica.

Código de Defesa do Consumidor
Capítulo III – Dos Direitos Básicos do Consumidor
Art. 6º. São direitos básicos do consumidor:
III – a informação adequada e clara sobre diferentes produtos e serviços, com especificação correta de quantidade, característica, composição, qualidade, tributos incidentes e preço, bem como sobre riscos que apresentem
Art. 14. O fornecedor de serviço responde, independentemente da existência de culpa, pela reparação dos danos causados aos consumidores por defeitos relativos à prestação dos serviços, bem como por informações insuficientes ou inadequadas sobre sua fruição e riscos.
§1º O serviço é defeituoso quando não fornece a segurança que o consumidor dele pode esperar, levando-se em consideração as circunstâncias relevantes, entre as quais:
II – *o resultado e os riscos que razoavelmente deles se esperam*
§4º A responsabilidade dos profissionais liberais será apurada mediante a verificação de culpa.

Necessário, portanto, que todos os procedimentos, tratamentos e cirurgias sejam precedidos por rico diálogo entre médico e paciente para que este seja devidamente esclarecido e possa livremente decidir sobre sua vida, saúde, mente e corpo. Assim, o médico transmitirá informações pertinentes em linguagem clara, simples, inequívoca; e o paciente poderá questionar sempre que lhe ocorrer alguma dúvida. Quaisquer elementos que impeçam o paciente de exprimir sua verdadeira vontade – como por exemplo, coação, - maculará seu consentimento.

No cotidiano médico, o consentimento escrito pode ser dispensado em prescrições de medicamentos de rotina com efeitos colaterais reduzidos. Nesses casos, basta o registro do cumprimento do dever informacional no prontuário. Entretanto, embora não obrigatório, recomenda-se a elaboração do "termo de consentimento livre e esclarecido" quando prescritos medicamentos com fortes efeitos colaterais, para realização de tratamentos prolongados e procedimentos cirúrgicos.

O "termo de consentimento livre e esclarecido" materializa o cumprimento do dever informacional[22], facilitando futura comprovação perante Conselhos Profissionais ou Poder Judiciário. Sendo assim, para que tenha valor probatório, deve ser precedido de diálogo esclarecedor entre médico e paciente e deve conter informações adequadas ao caso concreto, não podendo ser genérico (*blanket consent*) nem extremamente detalhado.

A inobservância do dever informacional caracteriza inadimplemento contratual, fonte de responsabilidade civil *per se*, conforme já decidiu o Superior Tribunal de Justiça:

> *RECURSO ESPECIAL. VIOLAÇÃO AO ART. 535 DO CPC/1973. NÃO OCORRÊNCIA. RESPONSABILIDADE CIVIL DO MÉDICO POR INADIMPLEMENTO DO DEVER DE INFORMAÇÃO. NECESSIDADE DE ESPECIALIZAÇÃO DA INFORMAÇÃO E DE CONSENTIMENTO ESPECÍFICO. OFENSA AO DIREITO À AUTODETERMINAÇÃO. VALORIZAÇÃO DO SUJEITO DE DIREITO. DANO EXTRAPATRIMONIAL CONFIGURADO. INADIMPLEMENTO CONTRATUAL. BOA-FÉ OBJETIVA. ÔNUS DA PROVA DO MÉDICO. 1. Não há violação ao artigo 535, II, do CPC, quando, embora rejeitados os embargos de declaração, a matéria em exame foi devidamente enfrentada pelo Tribunal de origem, que emitiu pronunciamento de forma fundamentada, ainda que em sentido contrário à pretensão da recorrente. 2. É uma prestação de serviços especial a relação existente entre médico e paciente, cujo objeto engloba deveres anexos, de suma relevância, para além da intervenção técnica dirigida ao tratamento da enfermidade, entre os quais está o dever de informação. 3. O dever de informação é a obrigação que possui o médico de esclarecer o paciente sobre os riscos do tratamento, suas vantagens e desvantagens, as possíveis técnicas a serem empregadas, bem como a revelação quanto aos prognósticos e aos quadros clínico e cirúrgico, salvo quando tal informação possa afetá-lo psicologicamente, ocasião em que a comunicação será feita a seu representante legal. Documento: 2156946 - Inteiro Teor do Acórdão - Site certificado - DJe: 08/04/2022 Página 17 de 4 Superior Tribunal de Justiça 4. O*

---

22 SOUZA, R. T. P. **Documentos Médicos Comentados**. 1 ed. São Paulo: LuJur Editora, 2021.

princípio da autonomia da vontade, ou autodeterminação, com base constitucional e previsão em diversos documentos internacionais, é fonte do dever de informação e do correlato direito ao consentimento livre e informado do paciente e preconiza a valorização do sujeito de direito por trás do paciente, enfatizando a sua capacidade de se autogovernar, de fazer opções e de agir segundo suas próprias deliberações. 5. Haverá efetivo cumprimento do dever de informação quando os esclarecimentos se relacionarem especificamente ao caso do paciente, não se mostrando suficiente a informação genérica. Da mesma forma, para validar a informação prestada, não pode o consentimento do paciente ser genérico (blanket consent), necessitando ser claramente individualizado. <u>6. O dever de informar é dever de conduta decorrente da boa-fé objetiva e sua simples inobservância caracteriza inadimplemento contratual, fonte de responsabilidade civil per se. A indenização, nesses casos, é devida pela privação sofrida pelo paciente em sua autodeterminação, por lhe ter sido retirada a oportunidade de ponderar os riscos e vantagens de determinado tratamento, que, ao final, lhe causou danos, que poderiam não ter sido causados, caso não fosse realizado o procedimento, por opção do paciente. 7. O ônus da prova quanto ao cumprimento do dever de informar e obter o consentimento informado do paciente é do médico ou do hospital, orientado pelo princípio da colaboração processual, em que cada parte deve contribuir com os elementos probatórios que mais facilmente lhe possam ser exigidos. 8. A responsabilidade subjetiva do médico (CDC, art. 14, §4º) não exclui a possibilidade de inversão do ônus da prova, se presentes os requisitos do art. 6º, VIII, do CDC, devendo o profissional demonstrar ter agido com respeito às orientações técnicas aplicáveis.</u> Precedentes. 9. Inexistente legislação específica para regulamentar o dever de informação, é o Código de Defesa do Consumidor o diploma que desempenha essa função, tornando bastante rigorosos os deveres de informar com clareza, lealdade e exatidão (art. 6º, III, art. 8º, art. 9º).10. Recurso especial provido, para reconhecer o dano extrapatrimonial causado pelo inadimplemento do dever de informação.
(REsp n. 1.540.580/DF, Quarta Turma, Relator o Ministro Lázaro Guimarães - Desembargador convocado do TRF 5ª Região - Relator para acórdão o Ministro Luis Felipe Salomão, DJe de 4/9/2018 - sem grifo no original)

A promoção do consentimento livre e esclarecido é, portanto, uma regra na relação médico-paciente. Há, todavia, situações excepcionais listadas na Resolução CFM nº 1/2016[23]:

A. Emergência

Quando não é possível obter o consentimento do paciente ou de seu representante, o médico atuará em favor da vida do paciente, adotando o procedimento mais adequado e cientificamente reconhecido para alcançar a beneficência. Havendo e estando disponíveis diretrizes antecipadas de vontade, o médico deverá observá-las.

B. Possibilidade de danos psicológicos graves

É possível reter informações que venham causar prejuízos psicológicos graves. Recomenda-se, então, a utilização prévia do Protocolo Spikes, ou técnica similar, para o oferecimento de maior quantidade de informação possível. A duração da omissão de informação deverá restringir-se ao período em que perdurar a necessidade de omissão de informação. O representante legal, caso indicado, será comunicado da decisão.

C. Recusa do paciente de receber informação

Caso o paciente prefira que o médico decida, este, após consentimento, atuará segundo princípios da beneficência, entre outros que possam estar indicados ao caso, como o da totalidade, do mal menos, do duplo efeito, nos casos mais complexos.

D. Tratamento compulsório e Riscos para a saúde pública

Em saúde pública, há situações de risco em que pacientes portadores de enfermidades transmissíveis, potencialmente causadoras de riscos graves para terceiros, sobretudo a menores, negligenciam o tratamento ou negam seu consentimento para a adoção dos cuidados necessários. Assim, não havendo possibilidade de separar o indivíduo do grupo em risco de

---

[23] Disponível em: https://portal.cfm.org.br/images/Recomendacoes/1_2016.pdf.

contato com a doença, justifica-se o tratamento compulsório, que somente pode ocorrer depois de esgotadas todas as possibilidades de convencimento. Em casos excepcionais, após conferência com outros médicos e visando à saúde do paciente e à preservação do bem comum, o consentimento do paciente pode ser dispensado. Tal fato, no entanto, deverá estar suficientemente descrito e justificado pelo médico no prontuário do paciente e, conforme o caso, ser comunicado à autoridade competente.

E. Pessoas com transtornos mentais

Pessoas com transtornos mentais graves poderão ser internados compulsoriamente para tratamento, por determinação judicial ou involuntariamente, a pedido da família ou indicação médica, devendo esta decisão ser comunicada ao Ministério Público estadual, num prazo de 72 horas, segundo prevê o artigo 8º, parágrafo 1º, da Lei nº 10.216, de 6 de abril de 2001, que dispõe sobre a proteção e os direitos das pessoas portadoras de transtorno mental. A Resolução CFM nº 2.057/2015 admite o tratamento sem consentimento, em casos de emergência ou quando as condições clínicas não permitirem sua obtenção, devendo-se buscar o consentimento de um representante legal. Nessas situações, porque a ação do médico é contrária à vontade do paciente, recomenda-se que o consentimento seja obtido do representante legal e do próprio paciente, caso o mesmo venha a recuperar sua capacidade.

4. MEDICINA BASEADA EM EVIDÊNCIAS COMO MELHOR FONTE DE INFORMAÇÃO

Assim como demonstrado previamente, um quesito fundamental nos tratamentos de saúde é a informação prestada, que deve ser dada da melhor forma, sendo pertinente ao caso real e necessariamente verdadeira, compreensível e compreendida, tendo entre outros objetivos, a manutenção da autonomia na tomada de decisões dos atores envolvidos na prestação e tomada do serviço de saúde, construindo assim o consentimento livre e esclarecido.

Isso decorre do fato que para exercer uma escolha consciente a fim de se autodeterminar na condução do tratamento de saúde no caso real, é necessário saber as alternativas existentes, compreender suas implicações positivas e negativas, saber se é possível assumir as consequências da escolha feita, e desta forma ser verdadeiramente autônomo para se autodeterminar.

Surge assim uma questão fundamental – qual informação a ser prestada nas relações que envolvem a saúde para o consentimento ser verdadeiramente livre e esclarecido; qual a melhor fonte de origem destas informações e como escolhê-las?

Esta discussão sobre a escolha das fontes de informações envolve toda ciência que se relaciona com a saúde, tanto na saúde pública como privada, sendo por exemplo em 2006 normatizado o fluxo para incorporação de tecnologias no Sistema Único de Saúde (SUS)[24] [25]que condiciona a incorporação de novas tecnologias a *"existência de evidências científicas de eficácia, acurácia, efetividade, segurança"*, e em 2011 é criada a Comissão Nacional de Incorporação de Tecnologias no SUS (CONITEC) visando incorporação de tecnologia em saúde no âmbito do Sistema Único de Saúde – SUS, que passa a utilizar *"Revisão Sistemática com ou sem metanálise para estudo que avalia a eficácia, efetividade e segurança da tecnologia em*

---

24 Disponível em: http://conitec.gov.br/images/Legislacao/PORTA-RIA-152-DE-19-DE-JANEIRO-DE-2006.pdf .

25 Disponível em: http://conitec.gov.br/images/Legislacao/portaria-CITEC-3323-27dez2006.pdf.

IX - A CITEC deliberará com base na relevância e no impacto da incorporação da tecnologia no SUS, bem como na **existência de evidências científicas de eficácia, acurácia, efetividade, segurança** e de estudos de avaliação econômica da tecnologia proposta, em comparação às tecnologias já incorporadas.

saúde[26]" do medicamento e/ou tecnologia antes de sua incorporação no SUS.

Também no judiciário a escolha da informação pertinente é fundamental, na busca de dar uma base mais científica para a suas decisões envolvendo a saúde, de tal modo em 2016 o conselho nacional de justiça (CNJ) através da Resolução Nº 238 de 06/09/2016 cria os Núcleos de Apoio Técnico do Poder Judiciário – NATJUS , *"destinados a subsidiar os magistrados com informações técnicas, o Conselho Nacional de Justiça e o Ministério da Saúde celebraram o Termo de Cooperação n. 21/2016, cujo objeto é proporcionar aos Tribunais de Justiça dos Estados e aos Tribunais Regionais Federais* **subsídios técnicos para a tomada de decisão com base em evidência científica nas ações relacionadas com a saúde, pública e suplementar,** *visando, assim, aprimorar o conhecimento técnico dos magistrados para solução das demandas, bem como conferindo maior celeridade no julgamento das ações judiciais"*[27].

Atualmente a base da melhor escolha quando da atenção na saúde é a chamada Medicina Baseada em Evidências (ou em provas científicas rigorosas), que veio orientar as tomadas de decisões sobre os cuidados em saúde através da busca honesta das melhores evidências científicas da literatura médica disponíveis, tirando a ênfase apenas na intuição, experiência clínica não sistematizada do profissional da saúde e nas teorias fisiopatológicas, concentrando se não só nas informações científicas disponíveis, mas também na análise apurada dos métodos utilizados para a produção das informações médicas. Faz isso dando especial atenção ao desenho da pesquisa, à sua condução e à análise estatística; da epidemiologia clí-

---

26 Disponível em: http://conitec.gov.br/images/Relatorios/2022/20220603_Relatorio_725_Blinatumomabe_leucemia_linfoblstica_aguda.pdf.

27 Disponível em: https://www.cnj.jus.br/programas-e-acoes/forum-da-saude-3/e-natjus/.

nica, da utilização de métodos bem definidos para avaliação crítica e revisões sistemáticas da literatura médica.

Segundo os ensinamentos de Alvaro Atallah[28], a abordagem utilizando a medicina baseada em evidências tem início com a formulação de uma pergunta originada de uma dúvida no atendimento ao caso concreto do paciente, ou no caso da jurisdição, no direito controvertido da demanda judicial, que irá servir para guiar a busca da resposta apropriada. Com a pergunta formulada, é necessário considerar quanto ao tipo de pergunta, se sobre etiologia, sobre diagnóstico, sobre terapia, sobre prognóstico, sobre profilaxia, sobre custo-benefício, pois isto apontará qual o melhor desenho de pesquisa clínica para respondê-la.

A formulação da pergunta é decisiva, pois serve como uma direção na busca das informações que orientarão o melhor desenho de pesquisa apta a respondê-la e o que deve ser observado no estudo para determinar os critérios de validade, importância e aplicabilidade. Em cada pergunta formulada devem ser tomados os cuidados para que ela seja clara, única e precisa para que a busca da resposta seja facilitada e direcionada, sem permitir dispersão durante o processo de busca, assim como a ocorrências de vieses ou tendenciosidades, que na atenção ao paciente tanto quanto na demanda judicial poderá levar a conclusões equivocadas.

A clareza significa que ela deve ser elaborada de maneira inteligível para que, quando lida, tenha de imediato a noção de qual resposta seria apropriada para respondê-la, com direcionamento único a fim de facilitar o trabalho do profissional da saúde ou do operador do direito.

Deve-se procurar responder a apenas uma questão de cada vez, sendo que a pergunta deve ser direcionada para resolver um e apenas um problema, pois a precisão destina-se a que a pergunta estabeleça os limites necessários à sua respos-

---

[28] Atallah, Alvaro Nagib. Medicina Baseada em Evidências: fundamentos para a pesquisa clínica. São Paulo: Lemos-Editorial, 1998. P. 11.

ta, precisando qual caminho a ser adotado para a execução da pesquisa.

A Medicina Baseada em Evidências prefere valer-se do resultado do ensaio clínico para a tomada de decisões terapêuticas, e não da teoria fisiopatológica, onde este tipo de teoria passa a ser uma hipótese a ser testada em um ensaio clínico e, se funcionar, a terapêutica será então aplicada.

Dentro desta linha de pensamento, atualmente, os bons ensaios clínicos começam com uma revisão sistemática e terminam com a inclusão dos seus resultados naquela revisão, atualizando-a.

As razões para realização das revisões sistemáticas da literatura são principalmente sintetizar as informações sobre determinado tópico, agregando informações de forma crítica para auxiliar as decisões. Por ser um método científico reprodutível, possibilitando a generalização dos achados científicos, permitindo avaliar as diferenças entre os estudos sobre o mesmo tópico e explicando as diferenças e contradições encontradas entre os estudos individuais, aumentando o poder estatístico para detectar possíveis diferenças entre os grupos com tratamentos diferentes, aumentando a precisão da estimativa dos dados, reduzindo o intervalo de confiança, refletindo assim melhor a realidade.

Castro e Clark colocam que as revisões sistemáticas têm a vantagem, por seguir métodos científicos rigorosos, de poder ser reproduzidas e criticadas pelos pares, e estas críticas podem ser incorporadas em posterior publicação em meio eletrônico, tornando se uma publicação viva, prontamente atualizada de tempos em tempos. Este método de revisão sistemática é realizado pela Colaboração Cochrane com o Centro Cochrane do Brasil [http://www.epm.br/cochrane] em funcionamento na Universidade Federal de São Paulo (UNIFESP), onde o Centro Cochrane do Brasil tem a *"missão de realizar, auxiliar e divulgar revisões sistemáticas em condutas na área da saúde"*.

Uma revisão sistemática deve incluir a procura metódica dos ensaios clínicos existentes, estando eles publicados ou não, e o somatório estatístico dos resultados de cada estudo. Esse somatório chama-se metanálise, que sem uma revisão sistemática não faz sentido, e apenas na ausência de evidências, com a qualidade almejada, toma-se por base o consenso de especialistas no assunto. Desta forma, informações relevantes e adequadas para cada situação são cotadas em relação ao custo/benefício e passam a ser a abordagem final entre a ciência de boa qualidade e a apropriada prática médica. Isto tem se tornado rotina nos países desenvolvidos e são dramaticamente imprescindíveis nos países em desenvolvimento, em particular pela possibilidade de auxiliar na avaliação do custo-efetividade. Tudo isso deve ser feito para auxiliar o médico, e também o jurista, de sorte que as evidências são fornecidas e o profissional em consonância com o paciente tomam a melhor decisão no caso concreto.

Este tipo de avaliação acautelada das melhores evidências científicas na utilização de novos tratamentos e novas tecnologias no sistema único de saúde, como previamente colocado tem sido utilizado no Brasil desde 2011, com a criação por força da lei nº 12.401 de 28 de abril de 2011, a Comissão Nacional de Incorporação de Tecnologias no SUS, a CONITEC[29], que avalia de forma criteriosa, utilizando não só as evidências científicas, mas também as questões de custo-eficácia, através de colegiado e consultas públicas que permitem o controle social e técnico das decisões.

Segundo Castro e Clark[30], para que a utilização deste tipo de avaliação fundamentada ocorra são necessárias uma série de habilidades por parte do profissional da saúde para melhor aproveitamento da Medicina Baseada em Evidências,

---

[29] Disponível em: http://conitec.gov.br/.

[30] Atallah, Alvaro Nagib. **Medicina Baseada em Evidências: fundamentos para a pesquisa clínica**. São Paulo: Lemos-Editorial, 1998. P. 14.

saber definir de forma precisa a questão clínica e quais as informações indispensáveis para respondê-la, conduzir uma investigação eficiente da literatura, selecionando os estudos relevantes e metodologicamente adequados para a resolução do problema/pergunta colocado, apresentando de forma estruturada do conteúdo dos artigos selecionados com suas vantagens e desvantagens, definindo de maneira clara as conclusões que poderão ser aplicadas no caso concreto.

Como pode ser observado, essa sequência não é inovação, mas o que a medicina baseada em evidências indica é o compromisso com a busca, avaliação e aplicação das informações relevantes obtidas rotineiramente e com técnicas explicitadas e reprodutíveis.

Valendo-se da Medicina Baseada em Evidências, não se tem a garantia de resultados perfeitos, mas abertamente uma diminuição das possibilidades de maus resultados, aumentando a eficiência profissional, com menor desperdício de recursos e energia do médico e do paciente, assim como de maior justiça na consecução ou negativa do pedido apresentado à jurisdição.

Segundo Atallah[31] para facilitar o trabalho, seja dos profissionais da saúde, seja dos profissionais do meio jurídico, existem grupos de profissionais que realizam esta avaliação crítica à disposição dos profissionais tais como: Evidence Based Medicine Journal, ACP Journal Club e o Best Evidence, todos publicados pelo American College of Physician [http://www.acponline.org]; The Cochrane Library [http://www.cochrane.co.uk]; Ministérios da Saúde de países desenvolvidos e a Organização Mundial da Saúde por meio do The WHO Reproductive Human Library (Gulmezoglu, 1997); Colaboração Cochrane com o Centro Cochrane do Brasil.

---

[31] Ibidem. P. 15.

5. CONCLUSÃO

Em conclusão, por ser a medicina uma profissão técnica, atrelada à ciência e às melhores evidências disponíveis no tempo e espaço da prestação de serviço de saúde; considerando ser a relação médico-paciente o exercício de autonomias concomitantes, onde a autodeterminação para o exercício da autonomia de vontades dependente das informações prestadas entre os atores envolvidos, e por decorrência ser fundamental ter a melhor informação pertinente disponível ao caso concreto, é que a medicina baseada em evidências é tida hoje como a escolha mais segura neste contexto de ferramenta para a preservação da autonomia.

Esta ferramenta auxilia na tomada de decisões já que permite que o esclarecimento e compreensão do tratamento de saúde seja lastreada nas melhores e mais pertinentes informações disponíveis à época do caso concreto, desta forma construindo uma decisão compartilhada, podendo o consentimento do paciente para a realização ou não de determinado tratamento de saúde, ser efetivamente garantido em sua autonomia de vontade.

Desta forma temos que as informações advindas da utilização da técnica de busca fundada na Medicina Baseada em Evidências, são as melhores informações disponíveis pretendendo garantir que as decisões tomadas sejam realmente calcadas na vontade livre e sem vícios por parte dos atores deste negócio jurídico *sui generis* envolvendo a saúde, quando da construção do consentimento livre e esclarecido.

REFERÊNCIAS

ATALLAH, A. N. *Medicina Baseada em Evidências: fundamentos para a pesquisa clínica.* São Paulo: Lemos-Editorial, 1998.

COLTRI, M. V.; Dantas, E. *Comentários ao Código de Ética Médica.* 3º Ed. Salvador: Juspodivm, 2020.

COUTO FILHO, A.; SOUZA PEREIRA, A. *Responsabilidade civil médica e hospitalar.* 2ª ed. Lúmen juris: Rio de Janeiro, 2008.

DANTAS, E. *Direito Médico.* 5ª ed. Salvador: Juspodivm, 2021.

FRANÇA, G. V. *Comentários ao Código de Ética Médica.* 7ª Ed. Rio de Janeiro: Guanabara Koogan, 2021.

MURR, L. P. *A inversão do ônus da prova na caracterização do erro médico pela legislação brasileira.* Revista Bioética 18.1 (2010).

NASCIMENTO, T. M. C. *Responsabilidade Civil no Código do Consumidor.* Rio de Janeiro: Aide Editora, 1991.

REZENDE, J. M. *À Sombra do Plátano: Cônicas de História da Medicina.* São Paulo: Editora Unifesp, 2009, p. 111. Disponível em https://static.scielo.org/scielobooks/8kf92/pdf/rezende-9788561673635.pdf.

SOUZA, R. T. P. *Documentos Médicos Comentados.* 1ª ed. São Paulo: LuJur Editora, 2021.

CONTRATO "ULISSES" COMO REPRESENTAÇÃO DA AUTONOMIA NO CAMPO DO BIODIREITO

QUEILA ROCHA CARMONA[1]
CARLOS ALBERTO SECCO[2]

INTRODUÇÃO

A presente pesquisa, centra-se na temática dos contratos no campo do biodireito à luz do princípio da autonomia. Neste sentido, busca-se refletir sobre o potencial dos negócios jurídicos para assegurar uma vontade relacionada ao próprio corpo e ao seu bem-estar.

Objetiva-se expor uma maneira juridicamente eficaz, pela qual o indivíduo pode externar sua autonomia, ante o enfrentamento de uma doença que afeta sua mente.

Assim, destaca-se o contrato Ulisses, espécie de diretiva antecipada de vontade psiquiátrica, utilizado para assegurar a vontade do paciente (contratante) de receber tratamento médico. Nesse contrato, o paciente antecipa as consequên-

---

[1] Pós-doutoranda pela Universidade Nove de Julho. Doutora em Direito pela Pontifícia Universidade Católica de São Paulo. Mestra em Direito e Especialista em Direito Tributário pela Universidade Nove de Julho. Professora de Direito na Faculdade de Direito Santo André. Advogada.

[2] Bacharel em Direito, Aprovado no Exame da OAB nº 145/2012, Investigador de Polícia.

cias de uma crise, capaz de gerar contrariedade ao seu desejo anteriormente manifestado.

Nessa linha, o paciente que sofre com doença mental, a qual, em momentos de crise, gera perda da consciência ou da firmeza de vontade, estabelece um acordo com terceiro (contratado), a fim de que este cuide da continuidade do seu tratamento de saúde, caso venha a recusá-lo durante a crise.

As condições e tempo desta vontade devem ser detalhadas e o acordo feito em momento de lucidez.

Frente às características deste contrato, pergunta-se: o contrato Ulisses tem potencial para fazer valer os princípios da bioética, instrumentalizando-os no âmbito do biodireito? A fim de basear esta reflexão, serão considerados os preceitos contratuais, bem como os princípios da bioética.

A técnica de pesquisa utilizada é a bibliográfica e documental, sob uma abordagem dedutiva acerca do tema.

1. CONTRATO "ULISSES"

O contrato é uma maneira pela qual os indivíduos, exercendo sua autonomia, pactuam entre si obrigações.

Esse instrumento "gera nas partes a convicção da certeza e da segurança de que as obrigações assumidas serão cumpridas e, se não o forem, de que poderão requerer judicialmente a execução forçada e a reparação pelas perdas e danos" (Lôbo, 2018, p.13).

Assim sendo, o contrato é um meio, juridicamente eficaz, pelo qual o indivíduo pode externar sua vontade e a partir desta, caso seja aceita, criar uma obrigação.

Lôbo (2018, p. 58) ensina que:

> a vontade no contrato, tanto para a oferta quanto para a aceitação, há de ser manifestada, ou exteriorizada, não podendo reter-se no campo psíquico do interessado. A concordância ou consentimento é fato externo à vontade interior. A manifestação

pode ser expressa, tácita ou, em situações especiais e restritas, pela inação ou silêncio.

Portanto, a vontade no contrato precisa ser manifestada, ou seja, externada. Isso vale tanto para a oferta quanto para a aceitação. A forma como a vontade deve ser manifestada não fica restrita à forma escrita, mas deve ser exteriorizada e clara.

Em suma, o contrato é negócio jurídico bilateral mesmo que uma das partes não tenha deveres de prestação com relação a outra, sendo suficiente sua concordância revelada. Nesse caso, tem-se o contrato unilateral.

Com relação ao negocio jurídico, o Código Civil, prevê, em seu artigo 104, que:

> A validade do negócio jurídico requer:
> I - agente capaz;
> II - objeto lícito, possível, determinado ou determinável;
> III - forma prescrita ou não defesa em lei.

Nessa linha, em termo gerais, para que o negócio jurídico seja válido, é necessário que o agente seja capaz, que o objeto seja lícito, possível, determinado ou determinável e a forma seja prescrita ou não proibida por lei.

No tocante ao contrato Ulisses, o agente (contratante), no momento de lucidez em que pactua com um terceiro (contratado), dispõe de capacidade plena, ou seja, tanto de direito quanto de fato, sendo que o objeto do contrato é lícito e determinado, bem como não proibido por lei.

Outrossim, vale destacar a Lei nº 13.146 de 2015 (Estatuto da Pessoa com Deficiência - EPD), a qual internaliza a Convenção de Direito das Pessoas com Deficiência, haja vista que essa lei tem por objetivo a inclusão e, dessa forma, a pessoa com deficiência passa a ter capacidade civil plena.

Com a alteração dada pela Lei nº 13.146 de 2015, o art. 4º, III, do Código Civil, passa a ter a seguinte redação: "São incapazes, relativamente a certos atos ou à maneira de os exercer:

III - aqueles que, por causa transitória ou permanente, não puderem exprimir sua vontade".

Portanto, de acordo com este artigo, ainda é importante frisar que quando o beneficiário (contratante) está em crise ele pode ser considerado relativamente incapaz, para certos atos ou a maneira de exercê-los, havendo a necessidade de ser assistido.

No tocante ao contrato Ulisses, pertinente ao biodireito e a bioética, infere-se que uma pessoa com problemas psíquicos, os quais comprometem seu discernimento, pode pactuar com outra pessoa de sua confiança, em momento de lucidez, o direcionamento de seu tratamento, a fim de evitar desvios de vontade quando lhe falta o discernimento e a autonomia.

Logo, diante da falta de lucidez do indivíduo em que este venha a recusar seu tratamento ou queira sucumbir à doença, deve prevalecer a vontade manifestada outrora, ou seja, prevalecer aquilo que em momento de lucidez o indivíduo entende como bom para si mesmo.

Dessa forma, a obrigação de fazer valer sua vontade está pactuada em contrato.

Nessa linha Fernando Araújo, sustenta que:

> "Contrato Ulisses" é aquele pacto mediante o qual uma pessoa se vincula, por tempo determinado ou em circunstâncias especificadas, e sem dependência de uma contraprestação específica, a acatar a vontade de outrem (o beneficiário) tal como ela é manifestada num determinado momento, em detrimento do ulterior arrependimento do beneficiário (expresso nas circunstâncias especificadas) ou da vontade declarada, pelo beneficiário, de antecipar o termo do contrato, ou de rescindi-lo. (2017, p. 1).

Trata-se de pacto em que uma pessoa se obriga por determinado tempo e circunstâncias pré-estabelecidas a cumprir a vontade de outra pessoa (beneficiário). Assim, consiste em contrato unilateral, em que o beneficiário expõe, em determinado momento, sua vontade, a fim de que esta prevaleça diante de possível arrependimento posterior.

Neste caso, uma das partes fica vinculada a uma obrigação, sem depender de uma contraprestação específica do beneficiário, ou seja, daquele que manifestou sua vontade.

Destaca-se, conforme Fernando Araújo (2017, p. 2), que esta modalidade de contrato tem tomado relevância diante de doenças psíquicas, as quais levam a situações crônicas e cíclicas de demência episódica, de distúrbio bipolar, de esquizofrenia. Dessa forma, o paciente, em momentos de lucidez, recebe da parte contratada a promessa de que qualquer intervenção em sua saúde será feita consoante a vontade apresentada em momento de lucidez, afastando qualquer desejo posteriormente declarado pelo próprio paciente em situação de crise.

Importa frisar que as circunstâncias, tempo e demais possibilidades devem estar alinhadas no contrato, para garantir a segurança jurídica de ambas as partes.

No que concerne aos contratos, cumpre citar os artigos 421 e 422, caput, do Código Civil, pois de forma objetiva estabelecem que:

> Art. 421. A liberdade contratual será exercida nos limites da função social do contrato.
> Art. 422. Os contratantes são obrigados a guardar, assim na conclusão do contrato, como em sua execução, os princípios de probidade e boa-fé.

Pode-se inferir que a obrigação prevista em contrato Ulisses é uma obrigação lícita, que se pauta na segurança e autonomia do paciente, pois, este opta por fazer determinado tratamento de saúde em momento de lucidez e quer que isso prevaleça caso mude de ideia em momentos de crise.

Sendo assim, a obrigação contida no contrato Ulisses é uma obrigação positiva, ou seja, de fazer.

Flávio Tartuce (2019, p. 28) esclarece, no tocante ao teor da obrigação, que esta pode versar sobre o dever de cumprir determinado ofício ou tarefa, ou seja, tratar de uma obrigação de fazer.

Ademais, os artigos acima mencionados do Código Civil deixam claro a liberdade contratual, bem como a prevalência dos princípios de probidade e boa-fé das partes envolvidas, tanto na execução quanto na conclusão do contrato.

Eduardo Rocha Dias e Geraldo Bezerra da Silva Junior (2019, p. 528) esclarecem que o contrato Ulisses é espécie do gênero diretivas antecipadas de vontade. Assim, de acordo com o entendimento dos autores, o contrato Ulisses serve para os que aceitam a realidade da doença mental e buscam a segurança de ter o necessário tratamento futuro.

Dessa forma, o beneficiário antecipa "seu consentimento para um futuro tratamento, bloqueando sua recusa posterior, quando se encontrar em uma situação de crise ou prestes a nela ingressar". Em síntese, "trata-se de determinar a prioridade da vontade anterior sobre a futura, impondo a um prestador de serviços de saúde que adote determinadas medidas ou tratamentos visando evitar ou remediar uma crise" (DIAS e SILVA JUNIOR, 2019, p. 524).

Nessa linha, verifica-se que o beneficiário (contratante) expõe seu consentimento e deixa pré-determinada sua vontade, com relação ao recebimento de um futuro tratamento de saúde.

O denominado contrato Ulisses, tem por inspiração a aventura de Ulisses contada em Odisseia, mitologia grega. Ulisses, sabendo que em sua viagem passaria pelas sereias e que o canto das sereias atraia os homens para a morte, ele se prepara para passar por este perigoso caminho, porém sem correr o risco de se entregar ao encanto.

Ulisses diz para seus companheiros que iria ouvir o canto das sereias de forma segura, para tanto, seus companheiros não podiam ouvir. Foi feito, então, um acordo entre eles. Ulisses foi amarrado no mastro do navio de forma que não pudesse se soltar sozinho e seus companheiros foram instruídos a não soltá-lo caso pedisse. Portanto, durante a passagem pelo perigo, qualquer pedido deveria ser desconsiderado. De outra parte, seus companheiros protegeram os ouvidos para não cederem ao encanto mortal das sereias.

Assim foi feito e quando Ulisses ouviu o canto das sereias desejou ir até elas, de modo que se esforçou para ser solto, bem como sinalizou para seus companheiros que o desamarrassem o que não foi atendido.

Dessa maneira verifica-se uma fraqueza da vontade, uma vontade posterior prejudicial, a qual não deve ser atendida. Para isso, é necessário haver pessoas comprometidas com esta vontade anteriormente manifestada pela pessoa em perigo, a fim de fazer valer a vontade de ficar em segurança.

2. BIOÉTICA E SEUS PRINCÍPIOS

Tratando, pois, de contrato para garantir a vontade e a segurança da saúde de um paciente, indispensável se faz refletir sobre ética, bem como sobre os princípios da bioética.

Partindo do surgimento de situações objetivas que exigem um tratamento e um enquadramento de cunho ético, importa mencionar, entre outras, a bioética no campo da ética aplicada.

Patrizia Borsellino (2018. pp. 21) salienta que a bioética era expressão restrita ao vocabulário de especialistas, todavia, passou a fazer parte do vocabulário de um público cada vez mais amplo, voltado aos impactos dos avanços surpreendentes da medicina e biogenética ocorridos no século XX, sobre as formas de nascimento, morte, cura, de maneira geral sobre, as intervenções na vida humana.

A bioética, aos poucos, torna-se mais popular a partir do contexto inaugurado pela revolução tecnológica do século passado e do advento de uma força singular, até então não conhecida, para transformar e tocar a vida como um todo.

Para a autora (BORSELLINO, 2018. pp. 21-22), a bioética é aplicada sobre a vida humana e não-humana e seus respectivos ambientes naturais. Destarte, recorre-se a bioética para tratar das intervenções sobre o mundo da vida à luz dos princípios, normas e valores conferidos à ética.

Nesse sentido, pode-se compreender que a bioética ultrapassa a vida humana e compete também às preocupações com os animais e meio ambiente. Assim, volta-se para as práticas acerca do mundo da vida como uma ética aplicada aos problemas que surgem nesse conjunto. No campo da saúde humana, cumpre mencionar, como exemplo de bioética, o amplo fornecimento de informações ao paciente sobre os procedimentos e tratamentos clínicos os quais este será submetido, bem como o respeito à sua vontade

A palavra ética declara, na realidade, o conjunto de crenças concernentes ao que é bom ou não fazer, bem como o complexo de crenças, valores e regras que formam os indivíduos (BORSELLINO, 2018. P. 22).

Em suma, a ética encerra os preceitos relacionados ao que deve ou não ser feito, mediante o composto de juízos que constituem a individualidade das pessoas e também a coletividade dentro de uma determinada cultura.

Conforme o dicionário de ética e filosofia moral,

> a autoridade médica e o saber dos especialistas são progressivamente postos em causa por outros campos do conhecimento, mas também por vozes leigas que utilizam, entre outras coisas, os tribunais. A bioética surge nesse contexto de crise do poder médico e científico, em que a ética médica não é suficiente para responder à democratização dos saberes, ao pluralismo dos valores e à secularização da sociedade (WORMS, 2013. p. 111).

Portanto, a bioética surge em um cenário de questionamento do potencial da ética médica em abarcar as novas demandas que envolvem diferentes conhecimentos, de modo transdisciplinar. Logo, a bioética nasce em resposta à crise da ética médica frente aos vigentes desafios postos pela amplitude da técnica e pela necessidade de maior segurança no mundo da vida que comporta a existência humana, não humana e o meio ambiente.

Sem embargo, a bioética é uma ética aplicada relevante para o exame das problemáticas contemporâneas estabelecidas entre tecnociência e natureza humana. Nessa linha, cumpre apontar alguns temas que promovem a reflexão bioética, conforme lista adiante:

> 1) a relação paciente/médico (equipe hospitalar), a saúde e a sociedade.
> 2) a experimentação humana e a regulação da pesquisa com seres humanos.
> 3) as técnicas relativas à procriação e ao início da vida humana.
> 4) as técnicas que cercam o envelhecimento e o morrer.
> 5) as intervenções no patrimônio genético do ser humano.
> 6) as intervenções no corpo humano.
> 7) a manipulação da personalidade e a intervenção no cérebro.
> 8) as técnicas e as abordagens relacionadas com o meio ambiente e com os seres não humanos.
>
> Sem ser exaustiva, essa lista oferece um resumo da variedade e da quantidade de temas e problemas éticos que são objeto da bioética (WORMS, 2013. pp. 112-113).

De forma extensiva, pode-se verificar que a bioética compreende matérias relacionadas desde o vínculo paciente/médico, entretanto, incluindo equipe hospitalar, interesses de saúde e sociedade. Ainda, em sua extensão incorpora as aplicações da tecnociência sobre a natureza humana no que tange ao nascimento, envelhecimento e morte, bem como as intervenções sobre o corpo humano, tanto na conformação externa quanto interna, meio ambiente e demais formas de vidas não humanas.

Nesse sentido, vale mencionar o "principismo" de Tom L. Beauchamp e James F. Childress, classificado como a mais antiga tentativa de teorização da bioética (2013. p. 113).

Nessa teoria, destacam-se quatro princípios a saber: autonomia, não maleficência, beneficência e justiça.

O princípio da autonomia consiste na capacidade do indivíduo em tomar decisões por si próprio o que requer que seja corretamente informado e não sofra ingerências para decidir. No âmbito desse princípio é importante avaliar "se os pacientes ou sujeitos são capazes, psicológica ou legalmente, de tomar decisões adequadas. A capacidade para a decisão, portanto, está intimamente ligada à decisão autônoma e às questões sobre a validade do consentimento" (BEAUCHAMP; CHILDRESS, 2013, p. 151).

Esse princípio visa proteger a autonomia individual para a tomada de decisões, seja do sujeito/paciente com capacidade para tal ou de outra pessoa que represente seus interesses. Assim, é indispensável a prestação de informações e esclarecimentos bastantes para uma decisão consciente.

Mário Antonio Sanches (2013, pp. 275-276) defende que a bioética aposta no comportamento autônomo das pessoas envolvidas. "Uma autonomia responsável que nasce da consciência e da liberdade".

Logo, a tutela da autonomia corresponde com a defesa da liberdade individual.

O princípio da não maleficência "determina a obrigação de não infligir dano intencionalmente" (BEAUCHAMP; CHILDRESS, 2013, p. 209). Destarte, esse princípio aponta para o dever de não lesionar o sujeito/paciente. Trata-se, então, de uma não ação ou um não fazer algo que acarrete dano.

O princípio da beneficência, por sua vez, consagra que:

> A moralidade requer não apenas que tratemos as pessoas como autônomas e que nos abstenhamos de prejudicá-las, mas também que contribuamos para seu bem-estar. Essas ações beneficentes estão na categoria de beneficência. Não há fronteiras radicais no *continuun* que vai da não inflição de danos até a propiciação de benefícios, mas os princípios da beneficência potencialmente exigem mais que o princípio da não maleficência, pois os agentes têm de tomar atitudes positivas para ajudar os outros, e não meramente se abster de realizar atos nocivos. O termo "não maleficência" é às vezes usado em sentido amplo, incluindo a prevenção de danos e a eliminação de condições prejudiciais. Contudo, a prevenção e a eliminação requerem atos positivos de beneficiar outros, pertencendo, portanto, antes à beneficência que à não maleficência (BEAUCHAMP; CHILDRESS, 2013, p. 281).

O princípio da beneficência reveste-se de especial importância, pois, para além do respeito a autonomia das pessoas e do dever de não lhes causar danos, esse princípio assinala a promoção de benefícios. Destarte, requer ações que promovam o bem e contribuam positivamente com os indivíduos e sociedade, isto é, não basta apenas não praticar o mal.

Ainda, considera-se, consoante citação acima, que a prevenção de danos e eliminação de condições prejudiciais são medidas integradas à beneficência, sendo que para evitar o mal é forçoso adotar ativamente providências afora a abstenção. Na esfera desse princípio, pode-se incluir também a gestão dos riscos.

Por fim, o princípio da justiça está ligado à justiça distributiva no que se refere ao ideal de disposição de tratamentos, acesso à saúde e bem-estar para todas as pessoas de maneira igualitária.

Nesse princípio, insere-se a ideia de mitigar os efeitos da loteria da vida, ou seja:

> a regra da justa oportunidade oferece uma perspectiva revisionista em face de várias práticas de distribuição contemporâneas. A regra sugere que, sempre que as pessoas não tenham oportunidades iguais de procurar seus interesses em razão de propriedades 'desfavoráveis' pelas quais não são responsáveis, não lhes devem ser negados benefícios importantes com base nessas propriedades. Numerosas propriedades podem ser desvantajosas – por exemplo, uma voz estridente, um rosto feio, fraco domínio de uma língua ou uma educação primária inadequada -; mas até onde devemos ir no leque de propriedades imerecidas que criam, com base na justiça, um direito a alguma forma de assistência? (BEAUCHAMP; CHILDRESS, 2013, p. 370).

O princípio da justiça busca promover a distribuição do bem. Assim, para implementação desse princípio é necessário que os benefícios alcancem o maior número de pessoas, englobando aquelas em situações de desvantagem.

A ideia de justiça na distribuição dos benefícios coincide com a aspiração de dissipar ou atenuar as desigualdades contingenciais da vida. Trata-se, portanto, do reconhecimento de situações adversas que não podem ser evitadas pelos indivíduos como, por exemplo, pobreza, deficiência, aspecto físico, falta de acesso à educação, entre outras.

Por conseguinte, os princípios da autonomia, não maleficência, beneficência e justiça que formam o "principismo" de Tom L. Beauchamp e James F. Childress, basilares na compreensão da bioética, restam oportunos na sustentação da proteção humana a partir de uma linhagem prudencial em prol do bem das pessoas e das gerações humanas.

Outrossim, Rui Nunes, sob uma visão biológica e antropológica da pessoa humana, afirma que:

> (...) a dignidade confere-lhe o direito de ser sempre considerado como sujeito, em si mesmo, com uma finalidade própria, dotado de liberdade no plano ético, não podendo nunca ser considerado como um objeto do desejo ou da manipulação de terceiros. Esta liberdade ética fundamental implica que a ciência concorra sempre para melhorar as condições de existência da humanidade respeitando a identidade do sujeito e a da espécie a que pertence. Esta linha de pensamento está na base da edificação daquilo que hoje conhecemos e valorizamos por direitos humanos fundamentais. Estes mais não são do que o reconhecimento expresso de um marco axiológico fundamental que é o valor intrínseco, inquestionável, da pessoa humana (2013, p. 27).

A dignidade humana confere aos seres o direito de serem considerados sujeitos com fim em si mesmos e dotados de liberdade no plano ético. Desta feita, essa liberdade atribui à ciência o dever de concorrer para melhorar as condições de vida da humanidade como um todo, considerando a dignidade humana, bem como a identidade tanto individual quanto coletiva.

Portanto, ao refletir sobre o contrato Ulisses, que tem por objeto a segurança jurídica do paciente que busca preservar sua vontade manifestada de tratamento médico diante de possível crise que gere uma vontade de não tratamento, denota-se a expressiva importância deste instrumento.

Neste caso, o contrato Ulisses representa o princípio da autonomia, pois protege sua manifestação de vontade, assim como também atende o princípio da beneficência, pois, trata-se de instrumento que visa garantir uma ação positiva, de fazer o bem, em prol da saúde do beneficiário.

Conforme salientado anteriormente, a bioética, no campo da saúde e segurança humana, estabelece a proteção do comportamento autônomo das pessoas. Esta autonomia, como princípio da bioética, deve ser pautada na consciência e liberdade de cada pessoa envolvida.

De outra parte, no tocante ao princípio da beneficência, importa a prática de ações voltadas para o bem. Sendo assim, o contrato Ulisses é um meio de prevenir a ocorrência de possível mal ao próprio beneficiário, a partir de disposição contratual.

Cumprindo-se a obrigação contratual, tem-se a promoção da autonomia e também da beneficência em favor do paciente, afastando-se o risco a saúde deste por uma eventual vontade contrária ao tratamento médico em momento de crise, dor ou fraqueza.

Dessa maneira ocorre ainda a concretização do princípio da dignidade da pessoa humana, haja vista a promoção destes outros princípios e do direito fundamental à saúde.

3. CONCLUSÃO

Diante da temática proposta, dos contratos no campo do biodireito, buscou-se fazer uma reflexão a partir dos princípios da bioética. No campo do biodireito, as vontades relacionadas ao próprio corpo e ao seu bem-estar, podem ser objeto de negócio jurídico.

Por conseguinte, o contrato é um meio pelo qual o indivíduo pode externar sua vontade e a partir disso criar uma obrigação. Neste caso, a vontade precisa ser manifestada, isto é, externada para compor a obrigação contratual. Essa regra serve tanto para a oferta quanto para a aceitação.

No que se refere à forma, esta pode ser livre desde que a vontade seja exteriorizada e clara.

O contrato, em si, é negócio jurídico bilateral ainda que uma das partes não tenha uma obrigação a prestar, sendo suficiente sua concordância manifestada, dessa maneira, haverá um contrato unilateral.

Considerando a situação de um indivíduo que sofre com doença mental e que possui períodos de crise e de lucidez, destacou-se o contrato Ulisses, como espécie de diretiva antecipada de vontade psiquiátrica.

O contrato Ulisses é empregado para assegurar a vontade do paciente de receber tratamento médico. O paciente pactua com seu cuidador ou terceira pessoa de sua confiança no sentido de que qualquer intervenção em sua saúde será feita de acordo com a vontade previamente manifestada em momento de lucidez, afastando outro desejo posteriormente externado pelo próprio paciente em situação de crise. Desse modo, é importante que as circunstâncias e tempo desta obrigação estejam alinhadas, contratualmente, para garantir a segurança das partes envolvidas.

Destarte, a obrigação prevista em contrato Ulisses é lícita, pautada na vontade e no bem-estar do paciente, haja vista que este opta por determinado tratamento de saúde em momento de lucidez e quer que isso persista frente a qualquer mudança de opinião em momento de crise.

Assim, trata-se de uma obrigação positiva, isto é, de fazer algo em prol do paciente que exerceu sua autonomia, manifestando sua vontade de forma livre. Ressalta-se, por fim, que a vontade expressa de maneira antecipada é voltada a receber tratamento e não o contrário.

As características do contrato Ulisses representam o princípio da autonomia ao proteger o comportamento autônomo do paciente e, ainda, o princípio da beneficência ao garantir uma ação positiva de fazer o bem.

Portanto, na obrigação contratual em comento, promove-se tanto a autonomia quanto a beneficência em favor do paciente, concorrendo, assim, para a concretização do princípio da dignidade da pessoa humana.

REFERÊNCIAS

ARAÚJO, Fernando. *O Contrato Ulisses – I: O Pacto Anti-Psicótico*. Disponível em: <https://www.cidp.pt/revistas/rjlb/2017/2/2017_02_0165_0217.pdf>. Acesso em: 05.07.2022.

ASSEMBLÉE NATIONALE. République Française. *Exploration du cerveau, neurosciences: avances scientifiques, enjeux éthiques*. Disponível em: <http://www.assemblee-nationale.fr/13/cr-oecst/CR_Neurosciences.pdf>. Acesso em: 05 de jul. de 2022.

BEAUCHAMP, Tom L; CHILDRESS, James F. *Princípios de Ética Biomédica*. Tradução de Luciana Pudenzi. 3. ed. São Paulo: Edições Loyola, 2013.

BORSELLINO, Patrizia. *Bioetica tra "morali" e diritto*. Milano: Raffaello Cortina Editore, 2018.

BRASIL. *Código Civil*. Lei nº 10.406 de 2022. Disponível em: <http://www.planalto.gov.br/ccivil_03/leis/2002/l10406compilada.htm>. Acesso em: 10 de jul. de 2022.

DIAS, Eduardo Rocha; SILVA JUNIOR, Geraldo Bezerra da. *Autonomia das pessoas com transtorno mental, diretivas antecipadas psiquiátricas e contrato de ulisses*. RJLB, Ano 5 (2019), nº 1. Disponível em: <https://www.cidp.pt/revistas/rjlb/2019/1/2019_01_0519_0545.pdf>. Acesso em: 10 de jul. de 2022.

LÔBO, Paulo. *Direito Civil: Contratos*. 4. ed. São Paulo: Saraiva Educação, 2018.

NUNES, Rui. *GeneÉtica*. Coimbra: Almedina, 2013.

SANCHES, Mário Antonio. *Reprodução assistida e bioética: metaparentalidade*. São Paulo: Editora Ave-Maria, 2013.

TARTUCE, Flávio. *Direito Civil: Direito das Obrigações e Responsabilidade Civil*. v. 2. 14. ed. Rio de Janeiro: Forense, 2019.

WORMS, Frédéric. Bioética. Tradução de Paulo Neves. In: Monique Canto-Sperber (Org.). *Dicionário de Ética e Filosofia Moral*. 2. ed. São Leopoldo: Editora Unisinos, 2013.

PARTICULARIDADES DO TERMO DE CONSENTIMENTO NA PESQUISA CLÍNICA SOB O OLHAR DOS PRINCÍPIOS DE AUTONOMIA E VULNERABILIDADE

MARCELLA MENHA CADETE[1]
NICOLE RAMALHO PRADO DOS SANTOS[2]

INTRODUÇÃO

A pesquisa científica em seres humanos é uma modalidade de pesquisa com potencialidade de lidar com a vida, a saúde física, a saúde mental e os dados sensíveis de pessoas de diversos grupos sociais, culturais, religiosos, étnicos e econômicos. Nasce daí a preocupação das instituições e da sociedade com sua adequação a parâmetros bioéticos, sua regulamentação e sua fiscalização.

Ao contrário do que possa se pensar em um primeiro olhar, não é a evolução da Ciência que ocupa o centro dessa preocupação, mas sim o zelo pelo princípio cerne da Moral e do Direito: o respeito à dignidade da pessoa humana. Desse pon-

---

[1] Advogada, bacharela pela Universidade Presbiteriana Mackenzie, consultora bilíngue em relacionamento com clientes, membro do sistema CEP/CONEP qualificada para análise ética de Pesquisas em Seres Humanos pelo MS/CNS/CONEP.

[2] Bacharela pela FDUSP, advogada

to central, decorrem os princípios da Bioética, aplicados também à pesquisa científica envolvendo seres humanos.

O primeiro basilar, aplicável a toda e qualquer pesquisa, é o princípio da não maleficência, decorrente do conceito *primum non nocere*, traduzido pela máxima "antes de tudo, não prejudicar". Em seguida, olhamos para o princípio da beneficência, pois, além de não fazer o mal, exige-se fazer o bem, de modo que os supostos benefícios de uma pesquisa devem ser consideravelmente superiores aos seus riscos.

Seguindo, deparamo-nos com a equidade, princípio pelo qual o olhar sobre os indivíduos participantes de pesquisa há de ser de igualdade, exigindo, assim, a avaliação de necessidades específicas para equalizar diferenças, visando a proteção do ser humano e a distribuição de riscos e benefícios da forma mais equalitária possível entre os participantes.

Então, debruçamo-nos sobre o relevante princípio da vulnerabilidade, segundo o qual todo indivíduo apresenta fragilidades sob algum aspecto. Em especial em âmbito de pesquisa, a vulnerabilidade há de ser primorosamente avaliada, pois os participantes tendem a estar em situações que acentuam ainda mais a fragilidade já inerente a todo ser humano.

O ápice dessa análise valorativa encontra-se, portanto, no respeito ao princípio da autonomia, o qual garante ao indivíduo a prerrogativa de se autodeterminar, como pressuposto de seu direito à liberdade e à dignidade. Sob o olhar desse cume principiológico, nasce a necessidade de consentimento do participante de pesquisa, a ser dado após o indivíduo receber informação clara e acessível sobre detalhes da pesquisa proposta, em situação livre de coação e constrangimento, com tempo razoável para reflexão.

A concretização da autodeterminação, observando os parâmetros supramencionados, dar-se-á pelo Termo de Consentimento Livre e Esclarecido, um negócio biojurídico que efetiva, portanto, o arcabouço principiológico da Bioética necessário para o respeito à dignidade humana do participante de pesquisa.

1. TERMINOLOGIAS

A palavra "pesquisa", com origem no termo latim "perquirere", diz respeito à palavra "perquirir" em seu sentido de investigar. Assim sendo, Pesquisa refere-se a toda forma de investigação para responder uma pergunta, cuja resposta possa trazer benefício à humanidade em alguma esfera.

A Pesquisa Científica em Seres Humanos, por sua vez, é toda pesquisa que, individual ou coletivamente, tenha como participante o ser humano, em sua totalidade ou em parte, e o envolva de forma direta ou indireta, incluindo o manejo de seus dados, de suas informações ou de seus materiais biológicos.

Trata-se, portanto, de amplo gênero, do qual destacamos duas principais espécies: a Pesquisa Científica em Seres Humanos para Ciências Humanas e Sociais e a Pesquisa Científica em Seres Humanos para Ciências da Saúde, também denominada como Pesquisa Clínica ou Estudo Clínico, que difere do "estudo pré-clínico" realizados em animais.

Nas pesquisas científicas em seres humanos, nos referimos ao indivíduo pesquisado como "participante de pesquisa" ou "sujeito de pesquisa". Evite-se, a designação "usuário", presente no histórico da ética em pesquisa no Brasil, pois, além desse termo não traduzir o papel do participante, também adquiriu cunho pejorativo ligado ao uso de entorpecentes. Tampouco se utiliza o termo "cobaia", palavra derivada do latim científico "cobaya", muito utilizado em experimentos em animais. Seu emprego para se referir a seres humanos é inadequado, pejorativo e eticamente reprovável.

Se em um polo temos o sujeito de pesquisa, no outro temos o pesquisador, também denominado investigador, que é o profissional, individualmente ou amparado por uma equipe de um centro de pesquisa, que formula a pergunta científica a ser respondida ao final da pesquisa.

Sobre esta relação complexa, coloca-se o sistema protetivo da ética, responsável primariamente por zelar pelo participante em sua vulnerabilidade, examinando o desenho da pesquisa e sua condução para que ocorram apenas investigações relevantes e para que sejam respeitados os princípios bioéticos.

No Brasil, essa proteção ética se desenvolve por meio do Sistema CEP-CONEP, composto pela Comissão Nacional de Ética em Pesquisa e pelos Comitês de Ética em Pesquisa, e regulamentado por normas operacionais, resoluções, bem como pactos e diretrizes de acordos internacionais.

Essencial para o controle exercido pelo Sistema CEP-CONEP, o Termo de Consentimento Livre e Esclarecido (TCLE), vez que por meio dele se documenta o esclarecimento do participante de pesquisa e seu consentimento quanto ao que será submetido, de modo a lhe garantir o exercício de sua autonomia e autodeterminação.

Esclarece-se que, em âmbito de pesquisa, privilegia-se a nomenclatura "Termo de Consentimento Livre e Esclarecido" ou "TCLE", ao invés de "Termo de Consentimento Informado", pois necessário valorizar não apenas o fornecimento de informações, mas principalmente enaltecer o propósito de comunicação clara e abrangente entre pesquisador e pesquisado com vistas a gerar plena compreensão deste para que sua decisão seja, de fato, livre, não coagida nem induzida.

2. BREVE HISTÓRICO DA ÉTICA EM PESQUISA E DO CONSENTIMENTO DO PARTICIPANTE

Até a metade do século passado, não havia qualquer tipo de acompanhamento ou controle ético da produção de conhecimento sobre seres vivos, o que permitia que experiências científicas de qualquer tipo fossem desenvolvidas com seres humanos. Há registros históricos de que testes eram realizados com segmentos populacionais considerados etnicamente inferiores ou com comprometimento de sua saúde física ou mental.

A interpretação de algumas teorias científicas – por exemplo, a teoria da evolução das espécies, protagonizada por Charles Darwin – instigaram muitas experiências eugênicas, voltadas a promover uma suposta purificação racial ou ainda fundamentar teorias deterministas que procuravam encontrar explicações biológicas para patologias, distúrbios psiquiátricos ou mesmo para a propensão ao crime, como os estudos de Cesare Lombroso.

Durante a Segunda Guerra Mundial, alguns países do Eixo exploraram de forma significativa a experiência científica com seres humanos, com destaque, evidentemente, para o governo nazista da Alemanha. A dignidade do ser humano era repetida e agressivamente aviltada com diversos experimentos que, além de carecerem do consentimento das pessoas pesquisadas, provocavam danos físicos, mentais, emocionais que resultavam em número significativo de mortes.

Segundo apontado pelo trabalho "A eugenia nazista e as pessoas com deficiência", as experiências objetivavam melhorar a sobrevivência dos soldados alemães, desenvolver e testar novos medicamentos e tratamentos para doenças, encontrar evidências da defendida superioridade ariana. Para tanto, realizava-se, por exemplo, a exposição de pessoas a baixas temperaturas em tanques de congelamento e posterior exposição à altas temperaturas, a fim de testar resistência; e gerava-se infecção em ferimentos nas diferentes partes do corpo, para estudo de recuperação e cicatrização.

A divulgação dessas atividades ditas científicas – na verdade, crimes contra a humanidade – trouxe horror e questionamento quanto aos métodos que desrespeitavam a dignidade humana, despertando não apenas cientistas, mas toda a comunidade internacional para a importância de estabelecer acompanhamento e controle ético sobre a pesquisa com seres humanos.

Assim sendo, ao fim da Segunda Grande Guerra, instituiu-se o Tribunal de Nuremberg (1945 a 1946), que concluiu pelo caráter criminoso de diversas investigações científicas desenvolvidas por médicos nazistas. Ao seu término, instituiu-se um decálogo de princípios, o Código de Nuremberg, primeiras recomendações internacionais sobre aspectos éticos relacionados a pesquisas com seres humanos.

Outro limiar histórico relevante na discussão da ética em pesquisa é a década de 1960, período de simultâneo desenvolvimento de novas tecnologias médicas (como contraceptivos orais, transplantes de órgãos, cirurgias plásticas, reprodução assistida, novas tecnologias de prolongamento da vida, eutanásia, testagem de medicamentos) e florescimento de movimentos sociais que questionavam padrões e normas sociais vigentes (com destaque para feminismo, movimento homossexual, movimento ecológico e movimento hippie).

Nesse contexto, a Ciência e o pensamento social questionaram o Código de Nuremberg. Os atributos típicos do regime democrático, como espírito crítico, transparência e neutralidade, embora ainda necessários, deixaram de ser vistos como suficientes para o desenvolvimento de uma Ciência ética. Por consequência, a Associação Médica Mundial, em sua 18ª Assembleia, realizada em Helsinki/Finlândia em 1964, elaborou um documento regulatório para estabelecer critérios adicionais ao Código de Nuremberg capazes de subsidiar a pesquisa na área médica.

A Declaração de Helsinki é um "documento vivo" que já sofreu sete revisões, sendo a última de 2013. Uma dessas revisões decorreu da persistência de procedimentos antiéticos em pesquisas financiadas pelos EUA.

Nesse contexto, muito alarmaram os experimentos ocorridos em Willowbrook State School of New York no final da década de 1950 até a década de 1970, em que crianças com deficiência mental foram infectadas com cepas de hepatite sob a alegação de estarem sendo imunizadas.

Quatro anos depois, alardeou-se novo escândalo, o caso Tuskegee, ocorrido no Sul dos Estados Unidos entre o início da década de 1930 e o início da década de 1970, no qual 400 homens negros, de baixa renda e portadores de sífilis foram privados de tratamento ao receberem apenas placebo, para que fosse observada a evolução da doença. Nada fora esclarecido aos participantes, que acreditavam estar recebendo tratamento adequado (já descoberto à época).

Esses e outros escândalos de proporções internacionais foram denunciados em vários artigos científicos e deram origem ao Relatório de Belmont (1974-1978), que destaca princípios importantes para uma pesquisa efetivamente se alicerçar em pilares da Bioética, tais como autonomia, beneficência e justiça.

Nesse sentido, alterou-se a Declaração de Helsinque (2013) para garantir maior proteção aos participantes de estudos, incluindo inédita previsão de tratamento e compensação aos indivíduos prejudicados por participarem da pesquisa e detalhamento de requisitos para acordos sobre acesso pós-estudo às intervenções identificadas como benéficas. Persiste, contudo, a controvérsia acerca do uso de placebo em pesquisas sobre doenças cujo tratamento já foi desenvolvido e possui eficácia comprovada.

Diante deste cenário, o Brasil não se tornou signatário da Declaração de Helsinque, especialmente por sua visão a respeito do acesso à intervenção no pós-estudo e ao uso do placebo, refletindo seu propósito de manter elevadíssimo padrão de proteção ao participante de pesquisa.

2.1. VISÃO HISTÓRICA DA ÉTICA EM PESQUISA E DO CONSENTIMENTO DO PARTICIPANTE EM PESQUISA NO BRASIL

Em paralelo aos acontecimentos do cenário mundial, o Brasil, em 1988, abrigava efervescentes movimentos sociais e políticos, muitos dos quais defendiam os direitos humanos. Nesse contexto, foi promulgada a Constituição da República Federativa do Brasil, ou Constituição Cidadã, lei máxima do nosso país que implementou uma série de direitos que também passaram a nortear as pesquisas com seres humanos realizadas no território nacional.

Dentre esses direitos, destacam-se a proteção e promoção da dignidade da pessoa humana (art. 1º, III, CF); a garantia de autodeterminação (art. 5º, II, CF); a proibição de tortura e tratamento degradante (art. 5º, III, CF); a garantia do direito à saúde para todos (art. 6º e art. 196 CF).

Vê-se, portanto, que já estavam lançadas as principais bases teóricas internacionais e nacionais para que a pesquisa envolvendo seres humanos ocorresse de forma ética. Faltava, contudo, a organização de um sistema nacional dedicado à implementação e à fiscalização destes princípios e normas no cotidiano da pesquisa brasileira, o que passou a ocorrer por meio da Resolução n. 1, de 13 de junho de 1988, do Conselho Nacional de Saúde – CNS.

Em 1995, essa resolução foi submetida à revisão por um Grupo Executivo de Trabalho, liderado por William Saad Hossne, conhecido como "pai da Bioética no Brasil"[3]. A comunidade científica contribuiu mediante consulta prévia. Os frutos foram colhidos no ano seguinte, com a edição da Resolução n. 196, denominada "Diretrizes e Normas Regulamentadoras de Pesquisas Envolvendo Seres Humanos".

---

3 William Saad Hossne (1927-2008) desempenhou relevante papel no contexto científico e bioético brasileiro. Não à toa, foi homenageado pela Revista Iberoamericana de Bioética em 2016. Graduou-se pela Faculdade de Medicina da Universidade de São Paulo (1951), desempenhou o papel de professor, ocupou o cargo de reitor da Universidade de São Carlos, foi membro fundador da Fundação de Amparo à Pesquisa do Estado de São Paulo (FAPESP), coordenou a Comissão Nacional de Ética em Pesquisa (CONEP), foi pioneiro da criação da Sociedade Brasileira de Bioética (SBB), escreveu mais de 8 livros e 22 capítulos de obras organizadas por eminentes cientistas brasileiros. Aqui, destacamos a obra "Experimentação em seres humanos", que propõe a adoção de diretrizes éticas para pesquisas em seres humanos, impactando positivamente a história da bioética no Brasil.

De expressiva relevância científica e social, a Resolução n. 196/1996 normatizou um dos mais avançados sistemas latino-americanos de revisão e controle éticos de pesquisa envolvendo seres humanos, criando o sistema CEP-CONEP.

A Comissão Nacional de Ética em Pesquisa (CONEP) é uma instância federativa colegiada, de natureza consultiva, deliberativa, normativa, educativa e independente, vinculada ao Conselho Nacional de Saúde, entidade da esfera democrática denominada de Controle Social.

Os Comitês de Ética em Pesquisa (CEPs), por sua vez, são instâncias regionais colegiadas, institucionais de organizações ligadas ao ensino e pesquisa, geralmente presentes em universidades e hospitais. São interdisciplinares e independentes, de caráter consultivo e deliberativo, e com notável relevância pública, já que sua função é defender os interesses dos participantes de pesquisa em sua integridade e dignidade. Cabe aos CEPs, portanto, efetuar a revisão de todos os protocolos de pesquisa que envolvam seres humanos, além de tomar as decisões éticas relacionadas às pesquisas desenvolvidas nas instituições.

Logo, o Sistema CEP-CONEP destina-se a normatizar, controlar e acompanhar a ética em pesquisa, assegurando que protocolos de pesquisa respeitem os princípios bioéticos e preservem os direitos dos participantes. Nesse sentido, busca-se constante melhoramento por meio de Resoluções da CONEP/CNS, submetidas a consultas públicas. Assim, em que pese a robustez do atual sistema, a comunidade científica segue trabalhando em prol do aprimoramento, inclusive ponderando sobre eventual legislação federal que regulamente o tema, tanto que hoje já há projeto de lei em tramitação[4].

---

4 Em 2015, foi proposto Projeto de Lei do Senado nº 200 com o objetivo principal de acelerar liberação de pesquisas clínicas no Brasil. A comunidade científica reagiu negativamente ao interpretar o PLS n. 200/2015 como um retrocesso do atual sistema de revisão ética CEP-CONEP. Encaminhado para apreciação da Câmara dos Deputados, o Projeto de Lei ganhou a numeração 7082/2017 e, no momento em que esse arti-

Também visando aperfeiçoamento, em 2001, a CONEP criou o Sistema Nacional de Ética em Pesquisa Envolvendo Seres Humanos (SISNEP) com o objetivo de agregar informações sobre os projetos de pesquisa desenvolvidos em solo nacional e, assim, possibilitar seu acompanhamento em todas as suas fases.

Desde 2007, o SISNEP passa por revisão e vem contribuindo com um sistema online integrado de submissão e avaliação de projetos e protocolos de pesquisa em todo país, a Plataforma Brasil, que se consolidou em 2012, trazendo significativos avanços na defesa da ética em pesquisa no contexto da aprovação da Resolução CSN n. 466/2012 e da promulgação da Norma Operacional CNS n. 1/2013.

A relevância desse momento para a história brasileira deve ser ressaltada. Diante da crescente preocupação com o bem-estar do participante, elaborou-se a Resolução CSN n. 466/2012, com vistas a aperfeiçoar diretrizes e normas regulamentadoras de pesquisa com seres humanos para, assim, maximizar a efetivação de direitos já consagrados, em especial o direito à autodeterminação; bem como editou-se a Norma Operacional CNS n. 1/2013 para estabelecer procedimentos de submissão e tramitação de projetos de pesquisa.

Ao longo do amadurecimento da Bioética em pesquisa com seres humanos no Brasil, restou, portanto, inegável a valorização da autonomia do participante. Gradativamente, percebeu-se que os profissionais nem sempre seriam os mais aptos a decidirem por seus assistidos, de modo a evidenciar o direito dos indivíduos de exercerem suas vontades em relação a seu corpo, a sua saúde, a sua vida, levando em consideração

---

go é elaborado, tramita em regime de urgência. A inspiração dos projetos advém da Boa Prática Clínica (cuja sigla em inglês é "GCP") da Conferência Internacional de Harmonização (cuja sigla em inglês é "GCP"). A GCP consiste em um padrão de qualidade ética e científica para planejamento, condução, registro e relato de estudos clínicos com seres humanos. Baseada nos princípios da Declaração de Helsinque, objetiva a segurança e o bem-estar dos participantes.

não apenas elementos inerentes aos tratamentos como também relativos a crenças, hábitos, culturas, em consonância com construções sociais.

Destaca-se que o pleno exercício do direito de autodeterminação depende do compartilhamento de informações técnicas com os assistidos, para que tenham uma percepção fidedigna dos benefícios e riscos e, assim, seu consentimento ou assentimento seja um real reflexo de suas intenções enquanto paciente ou participante de pesquisas.

Não à toa, em respeito aos princípios tão solidificados nesse momento da história, a Resolução CNS n. 466/2012 destinou uma seção ao detalhamento do processo de consentimento livre e esclarecido, bem como introduziu a obrigatoriedade do assentimento livre e esclarecido nos casos que o exijam, referentes a menores e incapazes.

3. PRINCÍPIOS BIOÉTICOS E SEU ENFOQUE PRÁTICO NA PESQUISA CLÍNICA

Os princípios bioéticos devem orientar cada etapa da pesquisa clínica. Já na elaboração do desenho da pesquisa, o princípio da não maleficência desponta, emergindo a necessidade primária de a intervenção proposta não prejudicar o participante. Nesse sentido, de extrema importância são as análises em âmbito de pré-pesquisa para assegurar que a possibilidade de benefícios seja superior aos riscos de malefício.

Em paralelo, portanto, com base no princípio da beneficência, analisa-se a relevância e o potencial de benefício da pesquisa para dada comunidade, população ou mesmo para a humanidade, sem deixar de considerar o sujeito pesquisado.

O projeto de pesquisa deve, ainda, observar ao princípio da equidade, de modo que a metodologia escolhida deve favorecer uma divisão justa e igualitária de riscos e benefícios de acordo com a realidade dos participantes pesquisados.

3.1. EFETIVAÇÃO DO PRINCÍPIO DA AUTONOMIA ATRAVÉS DO TERMO DE CONSENTIMENTO LIVRE E ESCLARECIDO

A autonomia está relacionada à liberdade de escolha e corresponde à capacidade de o indivíduo decidir sobre si mesmo com base nas informações que lhes são apresentadas de forma plena, transparente e acessível, bem como livre de coações internas e externas.

Há que se ter em mente que a autonomia e a capacidade de decidir por si não são inerentes ao ser humano, mas desenvolvidas a partir de contribuições biológicas, psíquicas e socioculturais. Assim sendo, o respeito pela autonomia implica considerar todos os fatores que interferem na decisão do indivíduo, tais como identidade, idade, histórico cultural, ambiente social, situação econômica.

Tem-se, ainda, que a autonomia pode ser temporária ou permanentemente reduzida. Nesse sentido, reconhece o art. 5º da Declaração Universal sobre Bioética e Direitos Humanos (DUBDH) a possibilidade de, em algumas situações, inexistir a capacidade de exercer autonomia, hipóteses em que devem ser adotadas medidas especiais de proteção dos direitos e interesses dos indivíduos.

A incapacidade de decidir, contudo, não é presumida, mesmo no caso de pessoas afetadas por quadros de saúde mental e que, até mesmo, estejam em locais de tutela. Há de se avaliar cada caso com vistas a certificar se o indivíduo está apto a fazer escolhas sobre sua vida e saúde.

A aplicação prática da autonomia é o consentimento, que consiste na permissão voluntária e consciente para se realizar procedimento, tratamento ou experimento. No contexto da pesquisa com seres humanos, sua efetividade depende de denso diálogo entre pesquisador e pesquisado, por meio do qual o pesquisador fornece informações esclarecedoras sobre a pesquisa, em linguagem acessível ao pesquisado para que ele compreenda a que poderá ser submetido e, então, decida em conformidade com suas reais intenções.

Em casos de incapacidade de fornecimento de consentimento (parcial ou absoluta), o rigor é maior, pois a vulnerabilidade é acentuada. Assim sendo, a pesquisa apenas ocorrerá se não houver meios mais eficazes de tratar os indivíduos candidatos a participantes; se sua saúde for diretamente beneficiada e se outros de mesma categoria também puderem experimentar tal benefício. Preenchidos tais requisitos, deverão ser colhidos o assentimento do pesquisado e o consentimento de seu representante legal. A todo instante, ainda, deverão ser observadas condições protetivas dos direitos humanos prescritas em legislação nacional e documentos internacionais.

Uma vez que a capacidade reduzida não decorre apenas de fatores biológicos, mas também de aspectos socioculturais, o pesquisador deve atentar-se também às necessidades dos pesquisados de baixa escolaridade e não familiarizados com o universo científico. Por conseguinte, deve se esforçar para ser compreendido mediante a "tradução" de termos técnicos para uma linguagem acessível a leigos.

3.2. RESPEITO AO PRINCÍPIO DA VULNERABILIDADE ATRAVÉS DO TERMO DE CONSENTIMENTO LIVRE E ESCLARECIDO

A relação pesquisador-pesquisado é marcada por evidente fragilidade do pesquisado. Logo, não se deve perder de vista a sobrevalorização do princípio da vulnerabilidade.

A vulnerabilidade pode ser causada por questões externas, tais como socioculturais e econômicas; ou internas do indivíduo, a exemplo de transtornos mentais, déficits intelectuais, dadas patologias, faixa etária de infância e adolescência. Tais fatores restringem a compreensão do indivíduo sobre a pesquisa, de modo que muitos a enxergam apenas como possibilidade de cuidado, desconsiderando outros elementos que devem ser ponderados no processo de consentir e, assim, perpetuando sua condição vulnerabilidade.

Essa realidade foi bem capturada pelo artigo "Perfil e vozes dos participantes de pesquisas clínicas no Brasil", o qual identificou que muitos participantes enxergam as pesquisas clínicas como tratamento médico alternativo e desconhecem os riscos envolvidos, os efeitos adversos, os procedimentos metodológicos, o significado de "placebo", a garantia de cuidados pós-estudo.

Assim sendo, o TCLE surge como uma ferramenta útil na busca pela efetivação do pleno esclarecimento e do adequado consentimento. O TCLE, portanto, deve tanto reforçar as informações previamente concedidas oralmente pelo pesquisador quanto ressaltar a liberdade do participante em ingressar, permanecer ou se retirar do projeto.

Nesse sentido, a escolha das palavras deve ser cautelosa: compreensível ao pesquisado, sem colocações genéricas e inespecíficas. Recomenda-se, portanto, expressões como "o convidado para a pesquisa pode recusar-se a participar sem qualquer prejuízo"; "o convidado pode deixar a pesquisa em qualquer momento que quiser, ainda que depois de já iniciada sua participação"; "o convidado terá direito à indenização financeira".

Há de se evitar, colocações impróprias que reforcem a condição de vulnerabilidade. Assim, aconselha-se a substituição de "deveres do participante de pesquisa" ou "o participante tem a obrigação de..." por "o participante voluntaria-se ao compromisso de...", "o participante pode voltar atrás em seu consentimento em qualquer momento da pesquisa".

4. ASPECTOS PRÁTICOS DO TERMO DE CONSENTIMENTO LIVRE E ESCLARECIDO NA PESQUISA CLÍNICA REALIZADA NO BRASIL

No Brasil, a Resolução CNS nº 466/2012 estabelece um processo de esclarecimento e consentimento. Primeiro, o pesquisador, ou pessoa por ele delegada, reunir-se-á com o convidado a participar da pesquisa em momento e local adequados para que seja transmitida toda informação pertinente por meio de linguagem clara e acessível.

Em seguida, será concedido tempo adequado para que o convidado reflita e, até mesmo, consulte pessoas que possam ajudá-lo a tomar a melhor decisão. Por fim, o pesquisador apresentará o TCLE para que seja lido, compreendido, assinado.

O TCLE é, portanto, o documento que concretiza esse processo. Dada sua importância, a Resolução CNS nº 466/2012 elenca requisitos obrigatórios, a seguir enfrentados para melhor compreensão.

4.1. EXPLICAÇÃO DA JUSTIFICATIVA, DOS OBJETIVOS, DOS PROCEDIMENTOS E DOS MÉTODOS

Objetiva-se passar ao participante a relevância científica e social da pesquisa. A linguagem do pesquisador deve ser objetiva e compreensível, não podendo ser floreada com vistas a persuadir o participante.

Nesse sentido, são inadequados termos técnicos, erroneamente traduzidos para o português ou equivocadamente grafados.

4.2. EXPLICAÇÃO SOBRE BENEFÍCIOS E RISCOS

Benefício é qualquer proveito, direto ou indireto, imediato ou posterior, auferido pelo participante em decorrência de sua participação na pesquisa. Estes aspectos devem estar claros para que não sejam criadas expectativas irreais que venham a influenciar o convidado no momento da escolha por contribuir com a pesquisa.

Risco, por sua vez, corresponde à possibilidade de o participante sofrer danos físicos, psíquicos, morais, intelectuais, sociais, culturais ou espirituais em decorrência de sua participação na pesquisa. A fim de evitar ou minimizar desconfortos e danos, devem ser fornecidas recomendações de providências e cautelas a serem adotadas pelo participante.

As pesquisas envolvendo seres humanos serão aprovadas pelo CEP/CONEP tão somente quando os benefícios justificarem os riscos. E, em caso de pesquisas experimentais, o benefício deve ser maior ou, no mínimo, igual ao das alternativas já validadas cientificamente.

4.3. TEMPO DE REFLEXÃO

Outro ponto importante é que o participante da pesquisa tenha o tempo necessário para ler o termo e refletir sobre o texto, e tenha liberdade de consultar não apenas o pesquisador e sua equipe, mas também seus familiares e outras pessoas de sua confiança, para que possa se sentir seguro ao tomar decisões. Nesse processo, a atuação do pesquisador deve ser neutra, imparcial, para não influenciar ou induzir o convidado a participar da pesquisa.

4.4. FORMA DE ACOMPANHAMENTO E ASSISTÊNCIA DURANTE E DEPOIS DA PESQUISA

Primeiramente, garante-se no Termo a liberdade ao participante de se recusar a participar ou de retirar o consentimento em qualquer momento da pesquisa, ainda que já iniciada.

Há de se esclarecer também que o participante terá todo o suporte em saúde durante toda a pesquisa e enquanto durarem seus efeitos.

Ainda, há de se assegurar ao participante de pesquisa acesso à intervenção que lhe foi benéfica por período indeterminado após o estudo, e, nos casos das doenças raras, este direito lhe será assegurado pelo período de 5 (cinco) anos, nos termos da Resolução CNS n. 563/2017.

4.5. GARANTIA DE SIGILO E PRIVACIDADE

Devem constar explicitamente os meios utilizados para garantia do sigilo, da privacidade, e do anonimato do participante em todas as fases da pesquisa, como por exemplo senhas e codificações de dados. Assim, dados pessoais, dados de saúde, imagem, resultados de exames, prontuários e quaisquer outras informações do participante devem estar efetivamente protegidas para que não venham a ser utilizados contra seu titular.

Nas hipóteses em que estiver prevista a retirada de informações do prontuário, o participante deverá ser devidamente informado e sua autorização expressa deverá ser colhida. Reitere-se que os dados são propriedade do indivíduo, de modo que o desenho do estudo consistir em análise de prontuário não justifica a dispensa de consentimento.

Caso a pesquisa com prontuário não oportunizar a assinatura de TCLE aos participantes proprietários das informações, deverá o pesquisador responsável justificar sua opção. O CEP, então, analisará a solicitação, podendo ou não concordar com o prosseguimento da pesquisa nesses moldes.

4.6. GARANTIA DE VIA ORIGINAL DO TERMO PARA O PARTICIPANTE

O TCLE deve ser elaborado em duas vias originais, rubricadas em todas as páginas e assinadas ao término pelo participante, ou seu representante legal, e pelo pesquisador responsável, ou pessoa por ele indicada, devendo as assinaturas estarem em uma mesma folha. Devem, ainda, apresentar endereço e contato telefônico ou outro, dos responsáveis pela pesquisa, do CEP responsável pela análise ética e do CONEP, quando convier. Frisa-se que são duas vias originais. Logo, o termo "cópia" não deve ser utilizado.

4.7. GARANTIA DE RESSARCIMENTO DE DESPESAS DECORRENTES DA PESQUISA

É comum que participante e acompanhante desembolsem valores com transporte, alimentação, estadia ou outros durante seu envolvimento na pesquisa. Garante-se, portanto, uma compensação material, que deve ser detalhada no TCLE.

Há de se explicitar de forma clara que todos os custos decorrentes da participação da pesquisa serão ressarcidos, garantindo-se no termo também a responsabilização por parte do patrocinador no tocante a intervenções anexas à pesquisa, por exemplo, no caso de tratamento contraceptivo em ensaio clínico com medicação da qual poderia decorrer malformação fetal.

Esclareça-se que, em pesquisas de Fase I, em havendo remuneração do sujeito, valores já recebidos não precisarão ser devolvidos em razão de desistência.

4.8. GARANTIA DE INDENIZAÇÃO POR DANOS DECORRENTES DA PESQUISA

O TCLE deve explicitar a possibilidade de cobertura material para reparação a danos decorrentes da pesquisa. Uma vez que a indenização é uma garantia do participante, essa informação não deve ser omitida, não deve ser condicionada à contratação de seguro pelo participante, tampouco deve ser limitada a um valor pré-determinado.5.9 Explicitações específicas das pesquisas clínicas na área biomédica

Caso a pesquisa utilize metodologias experimentais na área biomédica, o TCLE também deverá conter: explicação de métodos terapêuticos alternativos existentes; esclarecimento sobre grupo controle ou placebo (esclareça-se que no Brasil, até o presente momento, o uso do placebo como controlador é permitido apenas quando não há tratamento de referência); e não exigência de renúncia de quaisquer direitos.

5. PARTICIPANTES DE PESQUISA MENORES E INCAPAZES: TERMO DE ASSENTIMENTO LIVRE E ESCLARECIDO

Quando o participante de pesquisa for menor ou incapaz, além do consentimento de seu representante legal através do TCLE, será necessário também seu assentimento, para que o exercício de sua autonomia seja preservado. Assim, obtém-se o Termo de Assentimento Livre e Esclarecido (TALE).

À semelhança do TCLE, o TALE também cumpre a função de documentar a anuência do participante da pesquisa que seja criança, adolescente ou legalmente incapaz. Logo, igualmente imprescindível que, primeiro, o pesquisador se dedique a explicar claramente a natureza da pesquisa, seus objetivos, métodos, benefícios previstos, potenciais riscos e possíveis incômodos; para, somente então, proceder à apresentação e assinatura do TALE.

O processo de esclarecimento e assentimento deve ser livre de vícios (simulação, fraude ou erro), de modo que o pesquisador busque atenuar traços de dependência, subordinação ou intimidação que possam suprimir a autodeterminação do menor ou incapaz.

6. CONCLUSÃO

É de suma importância a produção de conhecimento por meio de estudos científicos. Afinal, eles viabilizam novas descobertas de medicamentos e tratamentos, contribuindo não apenas para melhorar a saúde, bem-estar e qualidade de vida das pessoas, como também para aumentar a expectativa de vida da população.

No entanto, é necessário olhar para a história e refletir que, embora a produção de conhecimento seja válida e necessária para o desenvolvimento da humanidade, a forma de produzi-lo deve atender aos parâmetros éticos para proteger o participante de pesquisa – protegendo sua dignidade, mitigando sua vulnerabilidade e assegurando sua autonomia.

Neste sentido, o consentimento emerge como ponto central em um sistema de normatização, controle e acompanhamento ético da pesquisa. Sua efetivação resulta de denso diálogo entre pesquisador e pesquisado e sua cristalização se dá por meio do Termo de Consentimento Livre e Esclarecido.

Entende-se que somente assim o pesquisado passa a ser habilitado a exprimir uma vontade coerente com sua consciência e exercer seu direito de autodeterminação, na medida em que o conhecimento técnico traduzido pelo pesquisador em informação clara e compreensível amplia sua capacidade analítica e decisória.

Diante de tamanha importância, o processo de esclarecimento e consentimento, bem como sua documentação através do Termo de Consentimento Livre e Esclarecido, torna-se corolário de um sistema de análise ética que efetivamente preserva o direito à dignidade do participante de pesquisa em todos os seus desdobramentos, respeitando-se, assim, a Bioética e os Direitos Humanos.

REFERÊNCIAS

AMORIM, K.P.C. et al. *Perfil e vozes dos participantes de pesquisas clínicas no Brasil*. Revista Bioética [online]. 2020, v. 28, n. 4, pp. 664-673. Disponível em: <https://doi.org/10.1590/1983-80422020284430>. Epub 20 Jan 2021. ISSN 1983-8034.

ARAÚJO, L.Z.S. *Aspectos éticos da pesquisa científica*. Pesqui Odontol Bras. 2003, 17 (Supl 1).

BRASIL. Ministério da Saúde. Conselho Nacional de Saúde. Projeto de Qualificação CEPs. Unidade 3 – Consentimento Livre e Esclarecido. Elaboração do Termo de Consentimento Livre e Esclarecido (TCLE).

BRASIL. Ministério da Saúde. Conselho Nacional de Saúde. Projeto de Qualificação CEPs. Unidade 4 – Termo de Assentimento Livre e Esclarecido (TALE). Etapas para elaboração do Termo de Assentimento Livre e Esclarecido (TALE).

ROBINSON, W.M.; BRANDON, T.U. *The Oxford Textbook of Clinical Research Ethics*. Oxford University Press, Inc. 2008, pp. 80-85 e 86-96. Disponível em <https://books.google.com.br/books?hl=pt-BR&lr=&id=7cIVDAAAQBAJ&oi=fnd&pg=PA80&dq=Willowbrook+State+School+of+New+York&ots=ManU3Jv-1x&sig=ZYlpRKW95-f5xwolu3XS4Qo7yc0#v=onepage&q=Willowbrook%20State%20School%20of%20New%20York&f=false.

SECCO, E.; LUNARDI, E.F. *A eugenia nazista e as pessoas com deficiência*. Anais do 5º Simpósio de Integração Científica e Tecnológica do Sul Catarinense – SICT-Sul. 2016, Araranguá/SC, pp. 308-314. Disponível em <http://criciuma.ifsc.edu.br/sict-sul/images/Anais2016.pdf >. ISSN 2526-4044.

SIQUEIRA, J.E. *A trajetória de William Saad Hossne*. Revista Iberoamericana de Bioética. 2016, n. 02, pp. 01-05. ISSN 2529-9573. DOI: 10.14422/rib.i02.y2016.011

KIPPER, D.J. *Breve história da ética em pesquisa*. Rev. AMRIGS, 54(2), pp. 224-228, abr.-jun. 2010. Disponível em <https://files.ufgd.edu.br/arquivos/arquivos/78/COMITE-ETICA-PESQUISA-HUMANO/Breve%20hist%C3%B3ria%20da%20%C3%A9tica%20em%20pesquisa.pdf>

COMUNICAÇÃO EFICAZ E LETRAMENTO EM SAÚDE NO CONSENTIMENTO INFORMADO

ARIOVÂNIA MORILHA SILVEIRA SANO[1]
RONALDO SOUZA PIBER[2]
VICTOR SOLA BALSAMO[3]

INTRODUÇÃO

Na perspectiva moral, social e jurídica vigente, a autonomia reside na liberdade individual, única da natureza humana (SARLET, 2012). A liberdade do indivíduo pressupõe racionalidade, capacidade de resolução espontânea e por si mesma (CANOTILHO, 2017). É o que chamamos de livre arbítrio.

Importante mencionar que a preocupação da autonomia reside em temas que digam sobre a intimidade e privacidade da pessoa (BORGES; MOTTIN, 2017), ou seja, de acordo com seu próprio projeto, o indivíduo é o guia de si mesmo e de sua vida.

---

[1] Advogada, Especialista em Direito Médico e da Saúde, Mestranda em Direito Médico, Presidente da Comissão de Direito Médico e Saúde da OAB Subseção Jabaquara-Saúde.

[2] Advogado, Especialista em Direito Médico e da Saúde, Mestrando em Direito Médico, Mestrando em Bioética, Presidente da Comissão de Bioética e Biodireito da OAB/SP - Subseção Pinheiros.

[3] Advogado, Especialista em direito médico e hospitalar, especialista em direito da medicina.

Diante deste cenário, em 1947 foi criado o Código de Nuremberg, documento internacional que compreende um conjunto de princípios de essência ética e que regem as experiências com seres humanos, observando o tratamento digno dos indivíduos que servem como elementos para experimentação médica (CABRAL, 2018).

Junto ao Código de Nuremberg, também houve, em 1948, pela recém criada Organização das Nações Unidas, a elaboração da Declaração Universal dos Direitos Humanos. Trata-se um documento composto por 30 artigos, que abordam questões relativas aos direitos básicos de todos os seres humanos assegurando direitos políticos, econômicos, religiosos, sociais e de meio-ambiente, os quais devem ser respeitados para pleno gozo da existência humana e instituídos pelo Estado Democrático de Direito (MASCARO, 2022; RAMOS, 2019).

Mesmo após a criação dos Direitos Humanos, ainda existem problemas com a execução de procedimentos em humanos devido à falta de reflexão ética que dialeticamente pudesse permitir a realização científica e o respeito aos humanos e os outros animais. A verdade é que, nem tudo que é cientificamente possível é eticamente aceitável (POTTER, 2016).

A partir disso, em 1979, *Beauchamp e Childress* (2002) publicaram o livro: *Principles of Biomedical Ethics*, apresentando uma Bioética Principialista, fundamentada em quatro pilares básicos: (i) da não maleficência; (ii) da beneficência; (iii) do respeito à autonomia; e, (iv) da justiça.

No âmbito da saúde, a dignidade da pessoa está inserida na obrigação do profissional de saúde de informar o paciente sobre os procedimentos aos quais será submetido e para os quais deverá fornecer autorização informada (WEGMANN, 2009).

O consentimento informado é constituído por cinco elementos distintos: competência, comunicação, compreensão, voluntariedade e consentimento (CASTRO et al., 2020). Ou seja, são os requisitos que representam a base para a validade do consentimento informado (PAZINATTO, 2019).

Grande parte da compreensão do paciente em obter informações e explicações do profissional de saúde depende de sua capacidade de entender textos, desenhos, materiais visuais e animações apresentados durante a consulta (WITISKI et al., 2019). Assim, não existe autonomia sem conhecimento e não existe conhecimento sem uma comunicação eficaz (PASSAMAI et al., 2012). É justamente isso que iremos tratar a seguir.

1. LETRAMENTO EM SAÚDE (LS)

Letramento é um fenômeno resultante do processo de aprender a ler e a escrever; é o estado ou condição que um indivíduo – ou um grupo social – adquire após ter se apropriado da escrita e de suas práticas sociais (SOARES, 2004).

Aplicando esse conceito ao campo da saúde, derivamos a alfabetização em saúde ou Letramento em Saúde (LS), que representa a capacidade cognitiva de compreender, interpretar e aplicar informações escritas ou orais sobre saúde (CORDEIRO; SAMPAIO, 2019; PASSAMAI; SAMPAIO; HENRIQUES, 2019). A Organização Mundial de Saúde define o LS como:

> (…) as habilidades cognitivas e sociais que determinam a motivação e a capacidade dos indivíduos de ter acesso, compreender e utilizar a informação como forma de promover e manter a saúde, o que não significa apenas saber ler panfletos e marcar consultas. (WORLD HEALTH ORGANIZATION, 1998)

Na verdade, se olharmos para a definição de LS, nos vários países, o próprio conceito não está estabilizado, podendo ser chamada nos países de língua espanhola com a expressão "educación para la salud", para identificar LS, ou associada a competências, "Gesundheitskompetenz" na Alemanha; "alfabetizzazione sanitaria" na Italia; "letramento em saúde" no Brasil; "literacia em saúde" em Portugal ou "health literacy" nos países de língua inglesa (ALMEIDA; PIBER, 2022).

O mais moderno significado indica o LS como conjunto de conhecimentos, motivações e competências para acessar, compreender, avaliar e aplicar informações a fim de julgar e tomar decisões cotidianas na prevenção de doenças e nos cuidados e promoção da saúde, mantendo ou melhorando a qualidade de vida (OKAN et al., 2019; SØRENSEN et al., 2012).

Ou seja, atualmente o LS envolve habilidades em quatros áreas principais: conhecimento cultural e conceitual, a literacia oral (falar e ouvir), a literacia impressa (leitura e escrita) e a numeracia (habilidade de lidar com os números) (HUHTA; HIRVONEN; HUOTARI, 2018).

O baixo nível de LFS está relacionado à deterioração da qualidade de vida, e significa as dificuldades encontradas para ler, absorver e utilizar as orientações em saúde (como informações em rótulos de alimentos e bulas de medicamentos) e compreender as orientações médicas e os documentos de TCI (KHAN et al., 2018; SIEGRIST et al., 2018).

A verdade é que LS da população costuma ser superestimada nos serviços de saúde (para implementação de procedimentos e decisões relacionadas ao comportamento do tratamento), o que torna compreensível para profissionais de saúde considerarem antecipadamente as informações de antemão que as informações repassadas foram entendidas, o que é um equívoco (ROGERS; WALLACE; WEISS, 2006).

Entretanto, vale dizer que o LS não se limita à educação pessoal, porque uma pessoa pode ter uma boa educação formal, mas ainda assim não entender as orientações sobre sua doença (CORDEIRO; SAMPAIO, 2019). O LS não está diretamente ligado ao grau de instrução do indivíduo (MARAGNO et al., 2019).

Um dos maiores estudos realizados pela *World Health Communication Associates* (WHCA) nessa área mostrou que 20% a 50% da população do Reino Unido, Estados Unidos, Austrália e Canadá apresentam baixa capacidade de LFS, o que pode prejudicar a saúde individual e coletiva (WORLD HEALTH COMMUNICATION ASSOCIATES LTD, 2010).

Ainda, outra pesquisa com mais de 10.000 pessoas de 60 países (incluindo Japão, Paquistão, Espanha e Estados Unidos) cobriu pacientes, médicos e estudantes da área da saúde.

Os resultados são onipresentes, indicando que a maioria dos participantes não possui as habilidades básicas para tomar decisões qualificadas considerando o risco em saúde. (CORDEIRO; SAMPAIO, 2019; GARCIA-RETAMERO et al., 2014).

No Brasil, as investigações na área são ainda muito incipientes, com escassos estudos atuais a nível nacional que demonstrem como esse fenômeno afeta o cuidado à saúde pela população brasileira, posto que apenas recentemente os pesquisadores brasileiros despertaram para esse fator (CHEHUEN NETO et al., 2019).

Entretanto, podemos destacar que em alguns centros de referência de Saúde Coletiva e Interdisciplinar brasileiros já conseguimos perceber estudos voltados para essa importante área do conhecimento e da saúde, especialmente oriundos da Fundação Oswaldo Cruz – FIOCRUZ, Universidade Estadual do Ceará - UECE e na Universidade Federal de Goiás – UFG (RIGOLIN et al., 2018).

Além disso, associações no âmbito internacional e nacional foram criadas com o intuito de difundir o LS no mundo. A exemplo disso, podemos citar *a International Health Literacy Association* (IHLA) e a Rede Brasileira de Letramento em Saúde (REBRALS).

Portanto, importante entender que a população em nível global tem um baixo nível de LS e isso independe do grau de instrução de cada indivíduo. Notem que as pesquisas citadas acima foram feitas em países desenvolvidos e subdesenvolvidos.

2. SEIS PASSOS PARA MELHORAR A COMUNICAÇÃO E O LETRAMENTO EM SAÚDE (LS)

Barry D. Weiss publicou um manual apresentando seis passos para o aperfeiçoamento da comunicação entre o profissional da saúde e paciente. (BARRY D. WEISS, 2007). São eles:

1. Diminuir a velocidade: falar pausado, dar espaço para emoções, gastando apenas uma pequena quantidade de tempo adicional com cada paciente. Isso vai ajudar a

promover uma abordagem centrada no paciente para a interação médico-paciente;
2. Use uma linguagem simples e não técnica: falar como se fosse explicar algo para seus familiares;
3. Mostre ou faça desenhos: as imagens visuais podem melhorar a compreensão do paciente;
4. Limite a quantidade de informações fornecidas — e repita: focar no que é importante naquele momento, juntamente com a repetição que aumenta ainda mais a recordação;
5. Use a técnica de *teach-back*: forma de checar se o entendimento aconteceu e reexplicar se necessário;
6. Crie um ambiente desprovido de vergonha; incentive questões; faça os pacientes se sentirem à vontade para fazer perguntas. Considere usar a técnica *Ask-Me-3* que encoraja a pessoa a perguntar e o profissional responder.

O método facilita a comunicação e o entendimento do paciente, tendo em vista possibilitar que as pessoas expandam sua qualidade de vida, garantindo o direito de acesso à saúde, aumentando a autonomia e a capacidade do paciente de se empoderar sobre as decisões de sua saúde.

As evidências mostram que investir nos regramentos do LS acima melhora a compreensão do paciente. A comunicação eficaz é um ponto crucial na relação entre o profissional da saúde e o paciente, a qual também interfere nos resultados dos procedimentos e tratamentos em saúde (MATSUI et al., 2012).

3. IMPACTOS DO LETRAMENTO EM SAÚDE (LS) NO CONSENTIMENTO INFORMADO (CI)

O CI precisa ser adaptado ao LS do indivíduo; no entanto, os profissionais da saúde não o prepararam de acordo com as normas elencadas nos seis passos acima, reafirmando o falso conceito de compreensão da totalidade das informações por parte dos pacientes.

Para fazer tais adaptações, o processo ideal de obtenção da autorização para tratamentos e procedimentos em saúde requer uma comunicação contínua e efetiva entre o paciente e o profissional - estes devem estar preparados para maiores esclarecimentos (LENTZ et al., 2016).

Os elementos do LS no processo de obtenção do TCI podem levar a medidas mais prudentes. Neste panorama, é fundamental considerar uma comunicação verbal e escrita eficaz, com auxílio de materiais gráficos, impressos, orais, desenhos, vídeos, etc. (WEISS, 2009).

Os serviços em saúde, por ser de universo colossalmente amplo, variado, e dinâmico, também realiza procedimentos para os quais a necessidade do CI puramente escrito pode suscitar estranheza e impedir, dependendo das características, a dinâmica do procedimento e a particular relação entre o paciente e o profissional da saúde(BRANDÃO, 2021; SØRENSEN et al., 2012). Portanto, os pacientes com níveis limitados de alfabetização em saúde geralmente retêm apenas metade do conteúdo discutido e não estão à vontade para fazer perguntas (MCCARTHY et al., 2012).

Recomenda-se, então, o uso de uma linguagem simples, sem jargões médicos ou termos científicos, com vocabulário espelhado no paciente e discurso claro e lento, com as informações divididas em pequenas partes(CORDEIRO; SAMPAIO, 2019).

Neste caso, o mais importante é a comunicação e explicação verbal e gestual para cada paciente, acompanhada de materiais gráficos. Porém, a autonomia dos pacientes e a responsabilidade dos profissionais de saúde devem ser sempre respeitadas, motivo pelo qual, todas as dúvidas e incertezas que surgirem devem ser sempre esclarecidas por parte do profissional (PAZINATTO, 2019).

Ask Me 3™, um programa criado pela Partnership for Clear Health Communication, mostrou resultados positivos na abordagem destes, que por sua vez melhoraram significativamente os resultados dos pacientes. O programa incentiva os pacientes a entender as respostas para três perguntas: 1. Qual é o meu principal problema? 2. O que preciso fazer? 3. Por que é importante que eu faça isso? (LOPES; VAZ DE ALMEIDA, 2019)

Os pacientes, de acordo com o programa, devem ser encorajados a perguntar aos seus profissionais de saúde essas perguntas simples durante cada interação. Os profissionais de saúde também são incentivados a assumir a responsabilidade de garantir que seus pacientes entendam a resposta a essas três perguntas. Estudos mostram que pacientes que entendem as instruções de saúde fazem menos erros quando tomam seus remédios, seguem planos de tratamento ou se preparam para um procedimento médico. Eles também podem melhorar mais cedo ou serem capazes de gerenciar melhor uma condição crônica de saúde (SIX-MEANS et al., 2012)

Outra ferramenta poderosa é o *Brown Bag Review*, que incentiva os pacientes a trazer toda a sua medicação às consultas. Esse procedimento é importante especialmente em pacientes polimedicados, que geralmente frequentam consultas de diferentes especialidades, aumentando a possibilidade de ocorrência de interações medicamentosas ou reações adversas (O'CONNELL et al., 2015).

Para a certeza de uma comunicação efetiva, pode-se usar o método *teach-back*, pois é uma ferramenta útil para ajudar os receptores das informações a entenderem melhor as condições do TCI (CORK; WHITE, 2022).

Esse método busca o retorno do paciente a partir do seguinte pedido: *Quero ter certeza que consegui explicar direito o que vamos fazer. O(a) senhor(a) poderia repetir o que entendeu do que eu falei?*. Se for crucial, o profissional da saúde pode esclarecer tudo outra vez e reproduzir o processo até presumir que as informações foram compreendidas (ALMEIDA; MORAES; BRASIL, 2020; WEISS, 2009).

Assim, o indivíduo explica as informações com suas próprias palavras e permite que o profissional da saúde avalie seu entendimento, descartando, dessa forma, as tradicionais perguntas *O(a) senhor(a) entendeu?* ou *O(a) senhor(a) tem alguma dúvida?*, evitando respostas do tipo "sim" ou "não"(ALMEIDA; MORAES; BRASIL, 2020; CORDEIRO; SAMPAIO, 2019; WEISS, 2009).

Os pacientes, educados através do método *teach-back*, são capazes de gerenciar seus medicamentos, participar plenamente de seus tratamentos e seguir protocolos para alcançar o objetivo de um atendimento de qualidade seguros em saúde. O resultado final é ganha-ganha: resultados positivos de todos os envolvidos e aumento da satisfação de todos, com segurança (CHEN et al., 2019; CORK; WHITE, 2022).

O CI pode vir acompanhado de algum material gráfico para acentuar a compreensão do paciente em conjunto com as informações verbais. Uma pesquisa realizada nos Estados Unidos e na Alemanha, *Garcia-Retamero e Galesic* (2011) concluíram que os auxílios visuais têm sido um método promissor para melhorar a compreensão.

No levantamento, compararam a eficácia da adição de diferentes tipos de aparelhos visuais (conjuntos de ícones e gráficos de barras representando indivíduos afetados apenas ou toda a população em risco) às informações numéricas em um formato absoluto ou relativo de redução de risco. Também analisaram se as habilidades de alfabetização gráfica afetaram a eficácia dos aparelhos visuais, mostrando que ajudam a modificar expectativas incorretas sobre a redução do risco de tratamento (GALESIC; GARCIA-RETAMERO, 2011; GARCIA-RETAMERO et al., 2014; GARCIA-RETAMERO; GALESIC, 2010).

Já no Brasil, *Carthery-Goulart et al.* (2009), mostraram que independentemente do grau de escolaridade do receptor, a comunicação impressa deve corresponder ao nível de leitura do quinto ao sexto ano do ensino básico, no máximo, e limitar-se a postos-chaves, evitando informações excessivas e desnecessárias.

Lorell et al. (2015), observaram que as práticas atuais muitas vezes não cumprem a obrigação ética de informar os pacientes, que irão ser submetidos a procedimentos na área da saúde, durante o processo do CI e um dos motivos listados foi que documentos longos e complexos podem desestimular a leitura dos pacientes, levando-os a assiná-los sem a devida absorção das informações.

Convergente, ainda, o estudo de *Nishimura*, que analisou 54 formas de consentimento informado, identificou que discussões ampliadas aprimoram a percepção dos participantes em 50% (NISHIMURA *et al.*, 2013).

Interessante, também, foi o estudo produzido por *Drake et al.* (2017), onde foram conduzidos testes cognitivos com folhetos suplementares que comunicavam claramente informações sobre três modelos diferentes de CI. Durante o processo de desenvolvimento do folheto, realizaram entrevistas cognitivas qualitativas, semiestruturadas, individuais e presenciais com 14 mulheres para examinar a percepção das participantes sobre os folhetos. Cada participante forneceu feedback sobre a compreensão, gráficos e layout, e adequação cultural do material (CORDEIRO; SAMPAIO, 2019; DRAKE et al., 2017).

A inovação da pesquisa ainda contemplou a técnica de *teach-back* e os folhetos informativos foram escritos em linguagem simples, com frases curtas, voz ativa, definições de palavras técnicas, cabeçalhos antes de cada seção, contextualização, destaques para o conteúdo principal e fonte grande (tamanho maior que 12), sempre que possível. Não foram usadas frases inteiramente em letras maiúsculas e evitaram-se esquemas de cores que distraíssem o leitor. Ao final da análise, as participantes preferiram o texto com partes destacadas em negrito, legendas explicativas para gráficos e contraste de cores entre texto e página (CORDEIRO; SAMPAIO, 2019; DRAKE et al., 2017; LOPES; VAZ DE ALMEIDA, 2019).

A partir disso, *Cordeiro et al.* (2019), no estudo denominado "Aplicação dos fundamentos do letramento em saúde no consentimento informado" sugerem o as utilizações das técnicas do LS no momento da obtenção do CI, conforme transcrição abaixo representada no **Quadro 1**:

Quadro 1 - Proposta de técnicas do Letramento Funcional em Saúde na obtenção do Termo de Consentimento Informado

CATEGORIA	RECOMENDAÇÃO
Voz Verbal	Ativa.
Nível de Leitura	Sexto ano do ensino médio, evitando-se jargões técnicos (caso necessário, explicar o significado entre parênteses).
Extensão	Texto curto, limitado a pontos-chaves;
Fonte	Mínimo de 12 pontos e para pessoas com necessidades atípicas aumentar para 14 pontos;
	Títulos em negrito;
	Espaçamento de 1,5 entrelinhas.
Organização do Texto	Utilizar materiais gráficos, quando aplicável, para comunicar dados numéricos com legendas explicativas;
	Intercalação entre letras maiúsculas e minúsculas;
	Contraste de cores entre o texto e a página;
	Espaço em branco entre tópicos;
	Destaque em negrito para os tópicos principais;

Fonte: (CORDEIRO; SAMPAIO, 2019)

4. CONSIDERAÇÕES FINAIS

O LS deve ser prestigiado na relação interpessoal à difusão de informes, do suporte individual ao social, para aumentar a adesão ao tratamento e procedimentos, além de empoderar os cidadãos. Por isso, é fundamental a compreensão adequada das informações divulgadas, principalmente no que diz respeito à tomada de decisões com autonomia.

Na área do direito, o LS deve ser encarado como parte dos Direitos Humanos, eis que sua definição é pautada no conjunto de direitos considerados necessários para uma vida baseada na liberdade, igualdade e dignidade. Os direitos humanos são direitos fundamentais e inalienáveis que proporcionam uma existência de vida digna.

Outrossim, este mínimo de direitos necessários para viver uma existência decente não tem uma função fixa a desempenhar. As exigências humanas mudam com o tempo, e novas demandas sociais são traduzidas em lei e incluídas no rol dos direitos humanos de acordo com as circunstâncias históricas de uma determinada época.

Portanto, importante entendermos que a população em nível global tem um baixo nível de LS e isso independe do grau de instrução de cada indivíduo, devendo ser uma prioridade – tal qual o papel dos Direitos Humanos – para que cada vez mais os pacientes consigam decidir com autonomia e se autocuidarem sobre assuntos relativos à saúde.

O CI se pauta e depende da capacidade do indivíduo em entender e avaliar com precisão os riscos e benefícios dos procedimentos. Desse modo, cabe aos profissionais da saúde, interpretar e comunicar conteúdos, utilizando meios gráficos e linguagem acessível para que os pacientes entendam as informações transmitidas e as utilizem para tomar sua decisão.

Ao longo do tempo, muitas foram as estratégias para ampliar o entendimento dos pacientes nos serviços em saúde, porém ainda hoje são muitas as inadequações e irregularidades na obtenção deste consentimento.

É necessário, portanto, que profissionais considerem as técnicas do LFS em cada paciente ao planejar esse processo, pois dessa forma estará garantindo ao indivíduo um de seus direitos fundamentais, a saúde.

REFERÊNCIAS

ALMEIDA, C. V. DE; MORAES, K. L.; BRASIL, V. V. *50 Técnicas de Literacia em Saúde na Prática - Um Guia para a Saúde*. Alemanha: Novas Edições Acadêmicas, 2020.

BEAUCHAMP, T. L.; CHILDRESS, J. F. *Princípios de ética biomédica*. 1. ed. São Paulo: Loyola, 2002.

BORGES, G. S.; MOTTIN, R. W. Erro médico e consentimento informado: panorama jurisprudencial do TJRS e do STJ. *Revista do Direito Público*, v. 12, n. 1, p. 15, 30 abr. 2017.

BRANDÃO, L. C. B. *A responsabilidade civil do médico pela falha no dever de informação*. 1. ed. Rio de Janeiro: GZ, 2021.

CABRAL, H. L. T. B. *Consentimento informado no exercício da medicina e tutela dos direitos existenciais: uma visão interdisciplinar direito e medicina*. 2 ed. ed. Curitiba: Appris, 2018.

CANOTILHO, J. J. G. *Direito constitucional e teoria da Constituição*. 7. ed., 18 ed. Coimbra: Almedina, 2017.

CARTHERY-GOULART, M. T. et al. Performance of a Brazilian population on the test of functional health literacy in adults. *Revista de Saúde Pública*, v. 43, n. 4, p. 631–638, ago. 2009.

CASTRO, C. F. DE et al. Termo de consentimento livre e esclarecido na assistência à saúde. *Revista Bioética*, v. 28, n. 3, p. 522–530, set. 2020.

CHEHUEN NETO, J. A. et al. Letramento funcional em saúde nos portadores de doenças cardiovasculares crônicas. *Ciência & Saúde Coletiva*, v. 24, n. 3, p. 1121–1132, mar. 2019.

CHEN, P. et al. Associations of health literacy with risk factors for diabetic foot disease: a cross-sectional analysis of the Southern Tasmanian Health Literacy and Foot Ulcer Development in Diabetes Mellitus Study. *BMJ Open*, v. 9, n. 7, p. e025349, 30 jul. 2019.

CORDEIRO, M. D.; SAMPAIO, H. A. DE C. Aplicação dos fundamentos do letramento em saúde no consentimento informado. *Revista Bioética*, v. 27, n. 3, p. 410–418, set. 2019.

CORK, T.; WHITE, S. Exploring community pharmacists' use of health literacy interventions in their everyday practice. *Research in Social and Administrative Pharmacy*, jul. 2022.

DRAKE, B. F. et al. Development of Plain Language Supplemental Materials for the Biobank Informed Consent Process. *Journal of Cancer Education*, v. 32, n. 4, p. 836–844, 2 dez. 2017.

GALESIC, M.; GARCIA-RETAMERO, R. Do low-numeracy people avoid shared decision making? *Health Psychology*, v. 30, n. 3, p. 336–341, maio 2011.

GARCIA-RETAMERO, R. et al. Factors predicting surgeons' preferred and actual roles in interactions with their patients. *Health Psychology*, v. 33, n. 8, p. 920–928, 2014.

GARCIA-RETAMERO, R.; GALESIC, M. Who profits from visual aids: Overcoming challenges in people's understanding of risks. *Social Science & Medicine*, v. 70, n. 7, p. 1019–1025, abr. 2010.

HUHTA, A.-M.; HIRVONEN, N.; HUOTARI, M.-L. Health Literacy in Web-Based Health Information Environments: Systematic Review of Concepts, Definitions, and Operationalization for Measurement. *Journal of Medical Internet Research*, v. 20, n. 12, p. e10273, 19 dez. 2018.

KHAN, A. et al. Patient safety after implementation of a coproduced family centered communication programme: multicenter before and after intervention study. *BMJ*, p. k4764, 5 dez. 2018.

LENTZ, J. et al. Paving the way to a more effective informed consent process: Recommendations from the Clinical Trials Transformation Initiative. *Contemporary Clinical Trials*, v. 49, p. 65–69, jul. 2016.

LOPES, C.; VAZ DE ALMEIDA, C. *Literacia em saúde na prática*. 1. ed. Lisboa: ISPA, 2019.

LORELL, B. H. et al. Informed consent in clinical research: Consensus recommendations for reform identified by an expert interview panel. *Clinical Trials*, v. 12, n. 6, p. 692–695, 15 dez. 2015.

MARAGNO, C. A. D. et al. Teste de letramento em saúde em português para adultos. *Revista Brasileira de Epidemiologia*, v. 22, 2019.

MASCARO, A. L. *Filosofia do direito*. 9. ed. ed. Barueri: Atlas, 2022.

MATSUI, K. et al. A Randomized Controlled Trial of Short and Standard-Length Consent Forms for a Genetic Cohort Study: Is Longer Better? *Journal of Epidemiology*, v. 22, n. 4, p. 308–316, 2012.

MCCARTHY, D. M. et al. What Did the Doctor Say? Health Literacy and Recall of Medical Instructions. *Medical Care*, v. 50, n. 4, p. 277–282, abr. 2012.

O'CONNELL, M. B. et al. Drug-Related-Problem Outcomes and Program Satisfaction from a Comprehensive Brown

Bag Medication Review. *Journal of the American Geriatrics Society*, v. 63, n. 9, p. 1900–1905, set. 2015.

OKAN, O. et al. *International handbook of health literacy: Research, practice and policy across the lifespan*. 1. ed. Bristol: Policy Press, 2019.

PASSAMAI, M. DA P. B. et al. Letramento funcional em saúde: reflexões e conceitos sobre seu impacto na interação entre usuários, profissionais e sistema de saúde. *Interface - Comunicação, Saúde, Educação*, v. 16, n. 41, p. 301–314, 19 jun. 2012.

PASSAMAI, M. DA P. B.; SAMPAIO, H. A. DE C.; HENRIQUES, E. M. V. *Letramento funcional em saúde: as habilidades do usuário e o sistema único de saúde*. [s.l.] Editora CRV, 2019.

PAZINATTO, M. M. A relação médico-paciente na perspectiva da Recomendação CFM 1/2016. *Revista Bioética*, v. 27, n. 2, p. 234–243, jun. 2019.

POTTER, V. R. *Bioética: ponte para o futuro*. 1. ed. São Paulo: Loyola, 2016.

RAMOS, A. DE C. *Curso de direitos humanos*. 6. ed. São Paulo: Saraiva Educação, 2019.

RIGOLIN, C. C. D. et al. A produção científica brasileira de teses e dissertações sobre health literacy. *Revista Tecnologia e Sociedade*, v. 14, n. 34, p. 178–195, 2018.

ROGERS, E. S.; WALLACE, L. S.; WEISS, B. D. Misperceptions of Medical Understanding in Low-Literacy Patients: Implications for Cancer Prevention. *Cancer Control*, v. 13, n. 3, p. 225–229, 30 jul. 2006.

SARLET, I. W. *A eficácia dos direitos fundamentais: uma teoria geral dos direitos fundamentais na perspectiva constitucional*. 11. ed. Porto Alegre: Livraria do Advogado Editora, 2012.

SIEGRIST, V. et al. The influence of information structuring and health literacy on recall and satisfaction in a simulated discharge communication. *Patient Education and Counseling*, v. 101, n. 12, p. 2090–2096, dez. 2018.

SIX-MEANS, A. et al. Building a Foundation of Health Literacy with Ask Me 3. *Journal of Consumer Health On the Internet*, v. 16, n. 2, p. 180–191, abr. 2012.

SOARES, M. Letramento e alfabetização: as muitas facetas. *Revista Brasileira de Educação*, n. 25, p. 5–17, abr. 2004.

SØRENSEN, K. et al. Health literacy and public health: A systematic review and integration of definitions and models. *BMC Public Health*, v. 12, n. 1, p. 80, 25 dez. 2012.

VAZ DE ALMEIDA, C.; SOUZA PIBER, R. Literacia em saúde: aspectos filosóficos, sociais e jurídicos. *Journal Health NPEPS*, v. 7, n. 1, p. e6235, 2022.

WEGMANN, H. Informed Consent – Essential Contents and Consequences of Violation. *Journal of International Biotechnology Law*, v. 6, n. 1, jan. 2009.

WEISS, B. D. *Removing barriers to better, safer care | Health literacy and patient safety: Help patients understand - Manual for clinicians*. 2. ed. Chicago: American Medical Association Foundation, 2009.

WITISKI, M. et al. Barreiras de comunicação: percepção da equipe de saúde/Communication barriers: perception of a healthcare team. *Ciência, Cuidado e Saúde*, v. 18, n. 2, 15 jul. 2019.

WORLD HEALTH COMMUNICATION ASSOCIATES LTD. *Health Literacy Part 2 "Evidence and Case Studies."* Birmingham: [s.n.].

A SUB-ROGAÇÃO UTERINA E OS SEUS CONFLITOS TRANSNACIONAIS: A AUSÊNCIA DE MECANISMOS MULTILATERIAIS DEDICADOS À SALVAGUARDA DE DIREITOS DOS MENORES DIANTE DAS ASSIMETRIAS JURÍDICAS DE TRATAMENTOS PELOS ESTADOS

ADRIELLY PINTO DOS REIS[1]
BRUNA VELLOSO PARENTE[2]
MARGARETH VETIS ZAGANELLI[3]

INTRODUÇÃO

Observa-se que o fenômeno da globalização impactou diretamente nas relações intersubjetivas, tendo em vista o con-

---

[1] Bacharela em Direito pela Universidade Federal do Espírito Santo (UFES). Membro do Grupo de Pesquisa Bioethik - Grupo de Estudos e Investigação em Bioética.

[2] Bacharela em Direito pela Universidade Federal do Espírito Santo. Membra do grupo de pesquisa Bioethik.

[3] Advogada, Doutora em Direito pela UFMG, com estágios de Pós doutorado na UNIMIB, UNIBO, UNISANNIO, UNICH e UNIMIB. Professora Titular da UFES.

sequente encurtamento das distâncias, o que fez com que houvesse o crescimento da convivência entre indivíduos de nacionalidades diferentes. Em decorrência dessa coexistência surgiram também novos vínculos de naturezas diversas, como por exemplo pessoal, obrigacional, familiar, jurídico, dentre outros. Além dessa influência nos relacionamentos entre os sujeitos, a globalização exerceu, e ainda exerce, importantes modificações no que tange aos avanços tecnológicos, ressaltando-se aqui as transformações observadas na ciência médica.

Dessa forma, tal fenômeno trouxe novas possibilidades quanto aos diversos métodos de reprodução assistida amplamente utilizados nos dias atuais, como reflexo das dificuldades enfrentadas por parte da população que não consegue ter filhos pelos meios tradicionais. Um desses métodos, objeto de estudo neste artigo, é a sub-rogação uterina, também conhecida como "barriga de aluguel", em sua modalidade transnacional. Assim, verifica-se que a globalização influenciou diretamente nesta temática, vez que com ela vieram as novas tecnologias que foram indispensáveis para a estruturação e consolidação dos procedimentos que compõem a sub-rogação uterina, bem como foi por meio desse fenômeno que foi possível a busca por tais técnicas para além das fronteiras dos Estados nacionais.

Ademais, mostra-se importante salientar que a procura pelos métodos de cessão uterina em outros países se deve, principalmente, ao fato de que o tratamento dado, não só a esse procedimento, mas também às várias técnicas de reprodução assistida, pelo direito interno do Estados é complexo e muito variado, podendo-se verificar países que os permitem, permitem com ressalvas, proíbem expressamente ou ainda aqueles que nem tratam da matéria. Assim, muitos indivíduos buscam a realização e/ou contratação dos serviços de cessão uterina em outros territórios, especialmente naqueles que legalizaram esse método.

Apesar disso, é sempre importante relembrar que o direito internacional contemporâneo se caracteriza pela multiplicidade de atores na composição das suas relações, de maneira que um determinado dilema jurídico será solucionado de maneiras diferentes no território de cada um desses atores. Sendo assim, a assimetria entre os ordenamentos jurídicos na abordagem dessa temática, somada à falta de um dispositivo multilateral que vise à cooperação entre os países, faz com que os indivíduos que compõem essas relações (autores do projeto parental, gestante que cede o útero e o menor que resulta desses procedimentos) se encontrem num estado de vulnerabilidade quando confrontados com algum conflito de ordem bioética ou jurídica.

Nesse sentido, destaca-se neste trabalho a situação de vulnerabilidade e indefensabilidade vivenciada pelo menor fruto da sub-rogação uterina, vez que esse pode ser privado de diversos direitos fundamentais por consequência da assimetria jurídica de tratamento legal dado no país de origem dos autores do projeto parental ser diferente daquele observado no local onde ocorreu a gestação, além de outras conjunturas desfavoráveis à criança que podem vir a suceder.

Considerando esta breve exposição, vê-se que o objetivo desse artigo é destacar a necessidade de se mitigar a assimetria dos ordenamentos jurídicos quanto ao tratamento da sub-rogação uterina, por intermédio da criação de mecanismos transnacionais de resolução de conflitos, tendo em vista a proteção dos menores e a redução de seu estado de vulnerabilidade.

1. A SUB-ROGAÇÃO UTERINA NA CONTEMPORANEIDADE: OS IMPACTOS DOS DESENVOLVIMENTOS TECNOLÓGICOS NOS MÉTODOS ARTIFICIAIS DE REPRODUÇÃO

A sub-rogação uterina, embora seja uma prática antiga, com regulamentação inclusive no Código de Hamurabi, modificou-se sensivelmente com os desenvolvimentos tecnológicos da contemporaneidade. Ou seja, a medicina reprodutiva e a engenharia genética clínica, complementarmente, impulsionaram a seara médica em relação à procriação humana, o que desconstituiu o parâmetro de essencialidade do coito entre indivíduos de sexos masculino e feminino para a indução à gravidez (CULTURA BRASILEIRA, online; MASSARO, 2014, p. 5768).

Nesse cenário, os métodos gestacionais artificiais se aprimoraram e ampliaram, de sorte que, por meio da intervenção de terceiros, tornou-se plenamente viável a fecundação de gametas. Consequentemente, tal possibilidade repercutiu também sobre as relações intersubjetivas ao redefinir paradigmas para casais que, anteriormente, não detinham qualquer possibilidade de ter filhos. Dessa forma, dentre outras técnicas utilizadas, formou-se o mercado, inclusive transnacional, da sub-rogação uterina, no qual há a implantação do zigoto fecundado no útero de terceira parte contratada, na figura da mãe sub-rogada, para que ela geste a criança e, posteriormente ao parto, entregue-a aos pais autores do projeto parental (MARTÍN, 2015, p. 4 – 5).

Assim sendo, a partir da sub-rogação uterina, tem-se a formação de um contrato, com conteúdo oneroso ou gratuito, instituído no plano do direito de família, em que há renúncia, por parte da gestante, de qualquer direito de reconhecimento de vínculo de filiação com a criança e, simultaneamente, constituição de tal vínculo com os solicitantes do procedimento (SCOTTI, 2012, p. 274). Tem-se, pois, essencial distinção acerca das modalidades contratuais empregadas, afinal, quando onerosa contém como contraprestação pela atuação da mãe sub-rogada recompensa dotada de valor econômico, ao passo que se gratuita, somente há o custeio dos valores do procedimento pelos requerentes (MARTÍN, 2015, p. 7).

Além disso, a técnica da sub-rogação uterina pode, essencialmente, ser aplicada com base em dois modelos distintos, classificados conforme o compartilhamento de material genético entre a prole e a gestante. Isto é, a modalidade tradicional ou total se desenvolve com a implementação do sémen de homem no útero da mãe sub-rogada, mantendo-se, então, o supramencionado vínculo genético. Já a parcial, por sua vez, ocorre quando a contratada se limita ao papel de simples instrumento para que haja o desenvolvimento do feto, uma vez que os gametas então fecundados pertencem os pais autores do projeto parental (SCOTTI, 2012, p. 275; BECHARA, 2018, p. 141-142).

A modalidade parcial, por sua vez, ainda se subdivide em observância da origem dos óvulos e espermatozoides empregados no procedimento. Com isso, três categorias podem ser identificados quando: (i) ambos os gametas advêm dos pais contratantes; (ii) somente um deles se põe na posição de doador, por qualquer razão, e há utilização de material genético da mãe sub-rogada ou, ainda, ter quarta parte contratada; e (iii) nenhum dos pais em potencial compartilha relação genética com a prole, limitando-se a utilização de células reprodutoras fornecidas por doadores (MUÑOZ, 2014, p. 405).

Por fim, a sub-rogação uterina, embora seja uma prática tecnicamente possível hodiernamente, encontra certos entraves de cunho culturais, religiosos, éticos e jurídicos (VIANA, 2016, p. 43). Em razão disso, os Estados nacionais, quando se ocupam acerca do tema, adotam posições diversificadas acerca de sua legalidade, alguns a permitindo, plenamente ou com restrições, e outros a rechaçando integralmente em seus limites territoriais. Assim, com o advento da globalização e a consequente mitigação relativa de distâncias, a possibilidade de deslocamento dos potenciais pais para dar efetividade aos seus projetos parentais, deixando países restritivos para se utilizarem da técnica em locais de ampla aceitação, com a formação de famílias transnacionais, traz novos conflitos à baila, principalmente quando se consideram os direitos dos menores (HAGUE CONFERENCE ON PRIVATE INTERNATIONAL LAW, 2022, *online*).

2. A ASSIMETRIA JURÍDICA DOS ORDENAMENTOS ENQUANTO FATOR DE POTENCIALIZAÇÃO DO ESTADO DE VULNERABILIDADE DOS MENORES FRUTO DA CESSÃO UTERINA

Observa-se que o fenômeno da globalização impactou diretamente nas relações intersubjetivas, de maneira que indivíduos de nacionalidades diversas buscam, em outros territórios, muitos tipos de recursos que não conseguem ou são proibidos de obter em seus próprios Estados. Isso ocorre porque o tratamento de um mesmo serviço ou facilidade pode se encontrar atrelado a valores históricos, culturais, religiosos, sociais, dentre outros fatores, de maneira a influenciar a tutela jurídica dada, ou a falta dela, por parte de cada país.

Nessa perspectiva, a abordagem adotada por cada Estado no que concerne à sub-rogação uterina também se mostra díspar, por esses mesmos motivos, situação essa que motiva muitos indivíduos a buscarem esses procedimentos em lugares que permitem a sua realização. Assim, é possível encontrar na literatura jurídica informações que comprovam que existem países que autorizam, com ou sem restrições, a prática da cessão uterina, enquanto que outros proíbem expressamente ou até se silenciam sobre tal técnica.

Ademais, somando-se o aspecto transfronteiriço a tal panorama normativo complexo e heterogêneo, instaura-se um contexto de insegurança jurídica, no qual são evidenciadas as vulnerabilidades das partes envolvidas, com enfoque no menor fruto da sub-rogação uterina. Essa situação demanda uma tutela adequada e que satisfaça da melhor maneira possível os interesses dos implicados, o que muitas vezes não ocorre em virtude da assimetria de ordenamentos jurídicos.

Isto posto, observa-se a importância de conhecer melhor a conjuntura de alguns países acerca da realização de procedimentos de cessão de útero, bem como ressaltar a fragilidade que permeia as relações jurídicas transnacionais de "barriga de aluguel", a qual advém e é potencializada pela ausência de um instrumento multilateral de resolução de conflitos.

2.1. BREVE COTEJO SOBRE O TRATAMENTO NORMATIVO DA SUB-ROGAÇÃO UTERINA OFERECIDO POR ALGUNS ESTADOS

Conforme anteriormente exposto, os procedimentos de cessão uterina encontram cenários variados, quanto ao seu status legal, a depender do país enfocado. Numa tentativa de reunir tais dados a International Federation of Fertility Societies (IFFS) realiza trienalmente pesquisas avaliando aspectos relacionados a reprodução e fertilidade, com relevância para as práticas de reprodução assistida em âmbito global, sendo que a última edição publicada foi a 2022 Surveillance (IFFS, *online*).

Segundo a 2022 Surveillance, a pesquisa que inquiriu acerca dos procedimentos de cessão uterina, em suas modalidades tradicional e parcial, foi respondida por 90 países, dos quais 29 responderam que existe a prática e/ou esta é permitida em seus territórios em sua modalidade parcial, já 11 responderam que ambas as modalidades são permitidas e/ou praticadas (IFFS, 2022, p. 227). Quanto à existência de regulamentação específica que trate sobre a matéria, 23 países responderam de maneira positiva, sendo que desses 10 indicaram a presença de leis nacionais/federais, bem como 02 Estados indicaram somente a existência de normas de orientações profissionais (IFFS, 2022, p. 227). Desses 90 países, 32 responderam que a sub-rogação uterina não é praticada em seus territórios, bem como que 08 Estados ao serem perguntados sobre a existência e/ou prática desse procedimento replicaram como informação desconhecida (IFFS, 2022, p. 229).

Verifica-se que dentre os países que afirmaram possuir leis específicas sobre a matéria, os Estados Unidos indicaram a presença de normas estaduais/provinciais/regionais, isso porque cada estado desse país possui autonomia para tratar da permissão ou não dos procedimentos de cessão uterina. No estado da Califórnia, por exemplo, ambas modalidades de sub-rogação uterina são permitidas, sendo que a sub-rogação parcial é prevista em leis claras e específicas sobre a matéria, enquanto que a cessão uterina tradicional é permitida em decorrência da ausência de uma lei que a proíba (SURROGATE, *online*). Quanto à possibilidade de compensação monetária pelos serviços prestados pela cedente de útero, não se trata de pagar a "mãe de aluguel" em troca da criança, mas sim que os autores do projeto parental compensam a outra parte pelo tempo dedicado, por eventuais despesas médicas, dentre outros custos decorrentes diretamente da gravidez (SURROGATE, *online*).

Além disso, as leis da Califórnia instituem a necessidade das partes (autores do projeto parental e a futura mãe sub-rogada) estarem assistidos por advogados quanto da confecção do contrato de sub-rogação uterina, o qual deve ser anterior ao início dos procedimentos médicos (SURROGATE, *online*). Tal contrato precisa conter todas as informações necessárias sobre as partes envolvidas, bem como deve tratar sobre os riscos e as responsabilidades dessas, prevendo ainda possíveis conflitos passíveis de advir e as suas soluções e as expectativas sobre os indivíduos nessas hipóteses (SURROGATE, *online*). Por fim, essas normas são aplicáveis tanto aos autores do projeto parental nacionais quanto aos estrangeiros.

Seguindo, tem-se que um outro Estado onde há a legalização da cessão uterina é a Colômbia, neste país não há uma lei que trate especificamente do assunto, porém a própria Constituição colombiana protege claramente a prática de reprodução assistida (HOUGHTON; ALTAMIRANO, *online*). Em 2009, a Corte Constitucional Colombiana estabeleceu alguns requisitos e condições a serem observados na prática da sub-rogação uterina a fim de que os procedimentos realizados se mostrem adequadamente compatíveis com o disposto na Constituição (HOUGHTON; ALTAMIRANO, *online*). Dentre esses se encontram a proibição do material genético a ser utilizado ter qualquer relação com a cessionário de útero; o fato de todo o processo ser altruísta, ou seja, não comercial; a previsão de que a cessionário de útero não pode se negar a entregar a criança aos autores do projeto parental; além disso, a criança nascida por tal procedimento recebe cidadania colombiana, com o fim de facilitar o retorno desta ao país de origem dos autores do projeto parental (HOUGHTON; ALTAMIRANO, *online*).

Por outro lado, existem países em que, embora permitam a realização dos procedimentos de sub-rogação uterina, possuem maiores restrições, como ocorre, por exemplo, na Tailândia e no Brasil. No primeiro caso tem-se que a lei tailandesa, até 2014, permitia a cessão de útero sem grandes restrições. Contudo, devido a algumas situações ocorridas envolvendo casos de sub-rogação no país o governo limitou o aspecto comercial desses procedimentos, de maneira que o próprio mercado de gametas e embriões é ilegal no país (SURROGATE, *online*). Sendo assim, atualmente, os autores do projeto parental devem ser casais heterossexuais casados, sendo que pelo menos um deles deve necessariamente ser de origem tailandesa (SURROGATE, *online*). Ademais, a cedente de útero precisa ser irmã de um dos pais, bem como casada, ter autorização do marido e possuir ao menos um filho próprio (SURROGATE, *online*).

Já no Brasil, as disposições que regulamentam a prática da sub-rogação uterina são aquelas advindas do Conselho Federal de Medicina por intermédio de suas Resoluções. Verifica-se que se encontra em vigor a Resolução n°. 2.168 de 21 de setembro de 2017, a qual institui que a mulher cujo útero será utilizado precisa ser parente de até quarto grau de um dos autores do projeto parental, bem como que a cessão temporário desse útero não poderá possuir qualquer caráter lucrativo ou comercial (BRASIL, 2017). A cedente e os pais precisam firmar um termo de consentimento livre e esclarecido no qual devem ser previstos todos os aspectos biopsicossociais e os riscos que permeiam a situação (BRASIL, 2017). Além disso, será assinado termo de compromisso contendo previsões acerca da filiação do menor fruto da sub-rogação, as quais devem estar em acordo com o Provimento n°. 63 de 14 de novembro de 2017 do Conselho Nacional de Justiça, segundo o qual o nome da mãe sub-rogada não constará no registro de nascimento da criança (CNJ, 2017).

Numa outra perspectiva, Itália e França são países em que a sub-rogação uterina é expressamente proibida, o que faz com que muitos nacionais busquem tal técnicas em outros países. Conforme a lei italiana n°. 40 de 2004 em seu art. 12, qualquer pessoa que realize, organize, divulgue ou comercialize, de qualquer forma, gametas ou embriões ou realize os procedimentos de maternidade de substituição será punida com prisão de 3 meses a 2 anos e multa de 600.000 euros até 1 milhão de euros (PARLAMENTO ITALIANO, 2004). A prática de sub-rogação uterina é proibida na França desde 1994, inclusive o próprio Código Civil Francês prevê em seu art. 16-7 que qualquer acordo relativo à procriação ou à gestação em nome de outra pessoa é nulo e sem efeito (REPUBLIQUE FRANÇAISE, 1803). Isso porque, nesses casos, haveria a violação ao princípio da inviolabilidade do corpo humano, vez que nenhuma parte desse pode ser tratada como uma propriedade, bem como do princípio da indisponibilidade do *status* das pessoas, ou seja, os autores do projeto parental e a cedente de útero não podem, por sua única decisão individual, escolher o status da criança por nascer (MADANAMOOTHOO, 2013).

Por fim, a pesquisa 2022 Surveillance da IFFS (2022, p. 229) cita como países na qual a técnica de cessão de útero foi respondida como de situação desconhecida a Albânia, a República Democrática do Congo, o Quênia, a Latvia, a Namíbia, o Panamá e o Paraguai.

2.2. A VULNERABILIDADE VIVENCIADA PELOS MENORES E A NECESSIDADE DE PREVALÊNCIA DO MELHOR INTERESSE DO MENOR

Considerando as informações apresentadas acima, é evidente a situação de assimetria jurídica dos ordenamentos, de maneira que a prática da sub-rogação uterina transfronteiriça pode trazer consequências graves a todos os envolvidos, principalmente nos casos em que pelo menos uma das partes envolvidas é nacional de um país em que essa técnica é vedada. Assim, essa assimetria tem o condão de instaurar e/ou potencializar a vulnerabilidade dos indivíduos envolvidos, propiciando a existência de um contexto dotado de insegurança.

Observa-se que na visão da bioética é possível entender a vulnerabilidade sob três pontos de vista: (i) vulnerabilidade enquanto condição humana universal; (ii) vulnerabilidade enquanto característica específica de um grupo; (iii) vulnerabilidade enquanto princípio ético internacional (PESSINI, 2017, p. 79). No primeiro enfoque, entende-se que todo ser humano é vulnerável, da mesma forma que ocorre com todos os seres vivos; já na segunda visão a bioética verifica que existem certos grupos de pessoas que são qualificados como vulneráveis, impondo-se nesses casos a sua defesa e proteção com o fim de impedir que esses indivíduos sejam subjugados; a vulnerabilidade enquanto princípio visa a salvaguarda dos direitos e da dignidade humana, principalmente nas situações em que a autonomia e o consentimento não são suficientes para a garantia desses (PESSINI, 2017, p. 80).

Isto posto, enfocando-se na segunda visão e associando-a ao panorama da maternidade por sub-rogação, ressalta-se a vulnerabilidade observada nos menores fruto dessa técnica porque, ainda que todos os envolvidos se encontrem eventualmente em menor ou maior grau de indefensabilidade, é certo que as crianças, ou ainda o embrião a depender do estágio do procedimento, pertencem a um grupo que "tem diminuída a capacidade de se proteger, ou, simplesmente, sem nenhuma condição de se proteger" (PESSINI, 2017, p. 81). Dessa forma, em busca de se mitigar essa conjuntura, faz-se necessário dispor de ferramentas que coloquem o bem estar desses menores como prioridade.

> E não se pode negar que uma criança em desenvolvimento se encontra mais vulnerável do que um adulto e assim, o embrião em relação àquela. Portanto, a vulnerabilidade está presente em todos os seres vivos por estarem suscetíveis a um perigo ou eventual dano. No caso do embrião, essa vulnerabilidade é maior, porque trata-se de um ser que não possui capacidade de defesa e sequer pode expressar sua vontade. A sua própria natureza o torna frágil, pois o seu desenvolvimento dependerá de como será conduzida a reprodução assistida (CARDIN; ROSA, 2013, p. 188).

Nesse sentido, nas situações em que for necessário tomar decisões a respeito de direitos envolvendo crianças e adolescentes, é imperioso que essas sejam norteadas pelo Princípio do Melhor Interesse do Menor. Tal princípio orienta a atuação da sociedade no sentido de que os menores devem ter "seus interesses tratados com prioridade, pelo Estado, pela Sociedade e pela família, tanto na elaboração quanto na aplicação dos direitos que lhes digam respeito" (LÔBO, 2011, p. 75). Dessa foram, o Princípio do Melhor Interesse do Menor deve ser tratado não só como um princípio, mas também como uma regra de procedimento, vez que coloca como prioridade os interesses dos menores em todos os contextos concernentes a esses, além de poder ser invocado diante de um litígio que esteja sendo solucionado perante o Poder Judiciário.

Tão importante quanto evidenciar tal princípio enquanto norteador da resolução de conflitos nos quais fazem parte menores é conhecer quais seriam essas situações que ensejariam essa conjuntura de vulnerabilidade e de insegurança jurídica. Pode-se apontar diversos riscos decorrentes da prática de cessão uterina para os menores envolvidos, como por exemplo a violação aos seus direitos ao nome, a nacionalidade, a relações familiares, a filiação, a manutenção de sua integridade física, dentre outros. Inclusive, algumas dessas situações já foram vivenciadas e solucionadas por outros ordenamentos jurídicos no passado, de maneira que passaremos a uma breve análise desses conflitos.

O primeiro caso envolve um casal francês, D. e S. Mennesson, os quais buscaram os procedimentos de sub-rogação uterina na Califórnia. Nesse caso temos os autores do projeto parental sendo nacionais de um país onde essa técnica reprodutiva é expressamente proibida, enquanto que o processo foi realizado na Califórnia, lugar onde essa prática é legal. Após o nascimento das menores gêmeas, V. e F. Mennesson, com o devido reconhecimento da filiação ao casal francês pela Justiça da Califórnia, a família retornou a França houve a recusa da realização do registro das menores, visto que suspeitavam ser um caso de utilização da cessão uterina (EUROPEAN..., *online*).

Assim, de um lado se tem as autoridades francesas insistindo no cumprimento do Código Civil Francês que torna sem efeitos qualquer tipo de acordo relativo à procriação ou à gestação em nome de outra pessoa, ao mesmo tempo em que as crianças, V. e F. Mennesson, permaneceram numa situação de incerteza, impedidas de obterem seu direito à nacionalidade francesa, bem como ao reconhecimento de sua filiação. Tal conflito somente foi resolvido pela Corte Europeia de Direitos Humanos que entendeu que embora a França possa proibir em seu território a prática de sub-rogação uterina, ao impedir o registro das menores o Estado francês acabou por violar o direito delas à vida privada, numa patente incompatibilidade com o princípio do melhor interesse do menor (EUROPEAN..., *online*).

Esse segundo caso (Campanelli v. Italy) trata sobre um casal italiano que fez um acordo de sub-rogação uterina com uma clínica em Moscou, sendo que a criança nascida não possuía nenhuma conexão genética com os autores do projeto parental e nem com a cedente de útero. Após o nascimento, a criança e o casal italiano voltaram à Itália, sendo que lá tentaram registrar o seu nascimento em sua localidade. Contudo, o pedido de registro foi negado, vez que as autoridades comprovaram que o casal não era geneticamente vinculado ao menor. Além disso, o Tribunal italiano determinou a separação da criança do casal, sob o argumento de que haveria dúvidas sobre a capacidade desses de cuidar da criança, pois eles agiram em violação à lei. O bebê então foi entregue uma família adotiva e durante este período não foi dada nenhuma informação ao casal sobre a localização da criança (EUROPEAN..., *online*).

Aqui a Corte Europeia de Direitos Humanos considerou que as autoridades italianas levaram em consideração o suficiente o melhor interesse do menor, vez que decidiram remover a criança do casal dando maior peso negativo ao fato desses não serem geneticamente ligados ao menor do que ao contexto no qual a criança foi gerada. Assim, as autoridades italianas adotaram uma medida extrema que é reservada para os casos em que as crianças se encontram em perigo. Além disso, a Corte ainda ressaltou que o menor permaneceu por quase dois anos sem o seu direito à identidade, salientando a importância de que tal direito seja garantido aos menores, nos termos de como havia decidido no caso Mennesson v. France (EUROPEAN..., *online*).

O último caso a ser analisado envolve um casal australiano e uma cedente de útero tailandesa, sendo que esse foi um dos casos que levou ao Governo da Tailândia a modificar severamente as leis acerca da prática de maternidade sub-rogada. Verifica-se que a mãe sub-rogada realizou a gestação de gêmeos ao casal autor do projeto parental, contudo, após uma da crianças ser diagnosticada com Síndrome de Down, o esses somente retornaram à Austrália com uma das crianças, deixando o menor portador da Síndrome para trás (VATICANO, 2015, *online*).

Levando-se em consideração tudo o que foi expostos, visualiza-se de maneira clara e concreta as possíveis dificuldades e incerteza enfrentadas nos contextos de realização de sub-rogação uterina, principalmente quando no âmbito transnacional, tendo em vista as assimetrias dos ordenamentos jurídicos que potencializam a existências de conflitos e o estado de vulnerabilidade ao qual são submetidos os menores frutos desses procedimentos.

3. A SUB-ROGAÇÃO UTERINA TRANSNACIONAL E OS CONFLITOS CAUSADOS ENTRE ESTADOS: A ATUAÇÃO DA CONFERÊNCIA DE HAIA POR UM MECANISMO DEDICADO À SALVAGUARDA DE DIREITOS

A sub-rogação uterina, ao transpassar fronteiras nacionais em decorrência do fenômeno da globalização e das tentativas dos indivíduos em realizarem seus projetos familiares apesar de restrições estatais, traz consigo uma gama de conflitos. Isto é, diante da incompatibilidade entre os ordenamentos jurídicos dos Estados, que adotam posições, em geral, conflitantes acerca de tal prática, há um comprometimento da tutela dos direitos dos indivíduos envolvidos nas relações intersubjetivas, desde as partes contratantes – mãe sub-rogada e pais solicitantes – até as crianças frutos dos procedimentos (MASSARO, 2014, p. 5790).

Nessa conjuntura, diversas demandas foram propostas na busca por equilibrar a aplicação das normas dos Estados nações envolvidos e a salvaguarda de direitos dos sujeitos, sem, contudo, encontrar sucesso satisfatório, aplicando de forma paliativa a Convenção de Adoção Internacional de Haia de 1993. Diante disso, evocou-se a necessidade da construção de um mecanismo internacional dedicado à regulamentar especificamente a sub-rogação uterina em nível transnacional, para que não mais subsistisse tal vácuo legislativo (MASSARO, 2014, p. 5790).

Em razão do exposto, em abril de 2010, o Conselho de Assuntos Gerais e Política da Conferência de Haia (CGAP), concluiu pela formação de um Gabinete Permanente voltado a estudar os acordos de sub-rogação uterina transnacional e, posteriormente, apresentar nota preliminar acerca da temática (HAGUE CONFERENCE ON PRIVATE INTERNATIONAL LAW, 2022, *online*). O Gabinete, por sua vez, conforme os pontos 25 e 26 do relatório entregue ao órgão solicitante, compreendeu, primeiramente, que a ascensão de adeptos à utilização da técnica reprodutiva artificial justificava a manutenção e o aprimoramento dos estudos iniciados, além de que se a aplicação anterior da Convenção de Adoção Internacional de Haia de 1993 se mostrou um severo equívoco (HAGUE CONFERENCE ON PRIVATE INTERNATIONAL LAW, 2010, p. 4).

> Os membros da Convenção de Haia demonstraram, naquela ocasião, grande preocupação com a situação da criança nascida por tais técnicas médicas de reprodução humana, bem como com a vulnerabilidade das mulheres que se sujeitam a serem "mães de aluguel", pelo que foram editadas recomendações o Secretariado no sentido de aprofundar os estudos e a coleta de informações dos sistemas jurídicos dos países que estão envolvidos com a prática, bem como o mapeamento do problema, com o apontamento dos principais conflitos e dissensos (MASSARO, 2014, p. 5790).

Consequentemente, os estudos seguiram até o ano de 2015, quando o Conselho de Assuntos Gerais e Política decidiu se dedicar mais a tal pesquisa, com a convocação de um Grupo de Especialistas, geograficamente representativo e composto em consulta aos deputados, para a análise acerca da viabilidade dos trabalhos vinculados à sub-rogação uterina. Dessa sorte, nos anos subsequentes, desde fevereiro de 2016 ao mesmo mês no ano de 2021, diversos relatórios foram expedidos na área (HAGUE CONFERENCE ON PRIVATE INTERNATIONAL LAW, 2022, *online*).

Na sequência, nas reuniões de 01 a 05 março de 2021, o Conselho de Assuntos Gerais e Política decidiu pela aprovação dos relatórios supramencionados, bem como prorrogou o mandato do Grupo de Especialistas por mais um ano, para que então seja apresentado o relatório final na reunião marcada para 2023 (HAGUE CONFERENCE ON PRIVATE INTERNATIONAL LAW, 2021, *online*). Além disso, reiterou-se que os trabalhos realizados não representam qualquer apoio ou rejeição à sub-rogação uterina, tratando-se meramente de estudos dedicados a atender as necessidades contemporâneas na temática, com foco na produção de um instrumento geral do direito internacional considerando o projeto de parentalidade (HAGUE CONFERENCE ON PRIVATE INTERNATIONAL LAW, 2022, *online*).

Portanto, verifica-se que a complexidade da temática relacionada à sub-rogação uterina transnacional, bem como os fatores político-econômicos que lhe são inerentes, retardaram a produção de um mecanismo específico dedicado à salvaguarda de direitos dos sujeitos envolvidos no procedimento.

4. CONSIDERAÇÕES FINAIS E APONTAMENTOS

A sub-rogação uterina, embora seja uma prática antiga, redesenha-se com os avanços tecnológicos na seara médica. Ou seja, a possibilidade da assistência de terceira parte – a mãe sub-rogada – para a construção de um projeto parental entre dois indivíduos, por meio da efetivação de um contrato, oneroso ou gratuito, aprimora-se diante do desenvolvimento da medicina em relação à engenharia genética, dispensando-se à necessidade de coito para que se viabilize a fecundação de gametas.

Nesse cenário, os Estados-nacionais realizam a regulamentação da prática, aceitando-a, livremente ou com restrições, ou proibindo-a, cada qual organizando-se conforme os seus ordenamentos jurídicos. Dessa forma, em seus territórios, aplicam-se as suas leis, sem maiores conflitos no que se refere à sub-rogação uterina, que deve se adaptar à realidade do país.

Entretanto, com avento da globalização e do encurtamento relativo de distancias, outra realidade, na qual as assimetrias regulamentadoras dos Estados não mais se comporta, ascende. Isto é, os indivíduos obtém maior facilidade em se locomover para países em que a sub-rogação uterina é plenamente autorizada, com o intuito de realizar o procedimento e, posteriormente, retornar às suas nações com a prole concebida.

Tal facilitação, por sua vez, desemboca no crescimento da sub-rogação uterina em nível transnacional, o que traz novos conflitos à serem resolvidos pelos Estados. Afinal, eles têm que enfrentar situações nas quais há vedação da prática em seus ordenamentos jurídicos, mas as crianças já nascidas buscam entrar em seus territórios na companhia dos pais autores do projeto parental, sem que tenham qualquer outro vínculo familiar com a mãe sub-rogada pelas normas do local de gestação.

Em razão disso, diversas estratégias são utilizadas pelos países na busca de preservar as suas estruturas normativas internas, o que, contudo, por vezes, não se coaduna com à garantia dos direitos dos menores envolvidos na sub-rogação uterina. Dessa sorte, estas crianças são colocadas em posições de vulnerabilidades, tanto físicas, quanto psíquicas, enquanto os Estados buscam resolver os conflitos internos causados por suas assimetrias jurídicas.

Diante disso, estudos acerca da formação de um instrumento internacional dedicado à regulamentação da sub-rogação uterina têm se fortalecido, mesmo que de forma cadenciada, principalmente em relação àqueles vinculados às Conferências de Haia. Com isso, busca-se afastar os conflitos de jurisdição entre os Estados-nações envolvidos nos casos transnacionais, em prol da observância dos direitos dos menores envolvidos. Assim, a necessidade de construção de um regulamento próprio no qual se protejam as crianças, mitigando ou cessando com as vulnerabilidades decorrentes das assimetrias estatais, evidencia-se como indispensável na conjuntura globalizada hodierna.

REFERÊNCIAS

BECHARA Brajim Beetar. La Maternidad Subrogada en Colombia: hacia un marco jurídico integral e incluyente. *Revista Socio-Jurídicos*, v. 21, n. 2, p. 135 – 166, 2018. Disponível em: < http://www.scielo.org.co/scielo.php?pid=S0124-05792019000200135&script=sci_abstract&tlng=pt >. Acesso em: 20 jun. 2022.

BRASIL. Conselho Federal de Medicina. *Resolução n. 2.168/2017*. Brasília: Diário Oficial da União, 2017. Disponível em: < https://www.in.gov.br/materia/-/asset_publisher/Kujrw0TZC2Mb/content/id/19405123/do1-2017-11-10-resolucao-n-2-168-de-21-de-setembro-de-2017-19405026 >. Acesso em: 24 jun. 2022.

CARDIN, Valéria Silva Galdino; ROSA, Letícia Carla Baptista. Da vulnerabilidade do embrião oriundo da reprodução humana assistida e da ética da vida. *Revista Brasileira de Direito Animal*, Salvador, v. 8, n. 12, 2013. Disponível em: < https://periodicos.ufba.br/index.php/RBDA/article/view/8392 >. Acesso em: 24 jun. 2022.

CNJ. *Provimento nº 63, de 14 de novembro de 2017*. Disponível em: < https://atos.cnj.jus.br/atos/detalhar/2525 >. Acesso em: 24 jun. 2022.

CULTURA BRASILEIRA. *Código de Hamurabi*. Disponível em: < http://www.culturabrasil.org/zip/hamurabi.pdf >. Acesso em: 19 jun. 2022.

EUROPEAN COURT OF HUMANS RIGHTS. *Campanelli v. Italy*. Disponível em: < https://hudoc.echr.coe.int/eng#{"itemid":["001-170359"]} >. Acesso em: 24 jun. 2022.

———. *Mennesson v. France*. Disponível em: < <https://hudoc.echr.coe.int/eng#{%22itemid%22:[%22001-145179*%22]}>. >. Acesso em: 10 ago. 2019.

HAGUE CONFERENCE ON PRIVATE INTERNATIONAL LAW. *Parentage/Surrogacy*, 2022. Disponível em: < https://www.hcch.net/en/projects/legislative-projects/parentage-surrogacy >. Acesso em: 20 jun. 2022.

———. *Parentage/Surrogacy*: 2011 onwards, 2021. Disponível em: < https://www.hcch.net/en/projects/legislative-projects/parentage-surrogacy/surrogacy-2011-2015 >. Acesso em: 20 jun. 2022.

———. *Special Commission on the practical operation of the Hague Convention of 29 May 1993 on Protection of Children and Co-operation in Respect of Intercountry Adoption*: conclusions and recommendations, p. 1 – 6, 2010. Disponível em: < https://assets.hcch.net/docs/2ed33240-387f-4270-a418-d7de4ca0e464.pdf >. Acesso em: 20 jun. 2022.

HOUGHTON, William; ALTAMIRANO, Leon. Surrogacy in Colombia. In: SENSIBLE. *The Surrogacy Guide*. [S. l.], [20--]. Disponível em: < https://www.sensiblesurrogacy.com/surrogacy-in-colombia/ >. Acesso em: 24 jun. 2022.

IFFS. *IFFS Surveillance*. [S. l.], [20--]. Disponível em: < https://www.iffsreproduction.org/our-journal/iffs-surveillance/ >. Acesso em: 24 jun. 2022.

———. *2022 Surveillance*. [S. l.]: IFFS, 2022. Disponível em: < https://www.iffsreproduction.org/wp-content/uploads/2022/04/2022-Surveillance-Report-April-2-2022-Upload.pdf >. Acesso em: 24 jun. 2022.

LÔBO, Paulo. *Direito Civil*: famílias, 4. ed. São Paulo: Saraiva, 2011.

MADANAMOOTHOO, Allane. Surrogacy Under French Law: Ethical, Medical, and Legal Issues. In: BERAN, Roy. *Legal and Forensic Medicine*. [S. l.]: Springer, Berlin, Heidelberg, 2013. Disponível em: < https://link.springer.com/referenceworkentry/10.1007/978-3-642-32338-6_102?noAccess=true#citeas >. Acesso em: 24 jun. 2022.

MARTÍN, Pablo Paz. *Maternidad Subrogada*: eficacia en España de las certificaciones extranjeras. 2014/2015. 85 f. Tese (Doutorado) – Curso de Direito, Universitat de Girona, Catalunha, 2015. Cap. 5. Disponível em: <https://dugi-doc.udg.edu//bitstream/handle/10256/11825/Paz_Martin.pdf?sequence=1>. Acesso em: 20 jun. 2022.

MASSARO, Ana Carolina Pedrosa. Baby Business: a indústria internacional da "barriga de aluguel" sob a mira da Convenção de Haia. *Revista do Instituto do Direito Brasileiro*, Lisboa, v. 8, n. 3, p. 5767 – 5806, 2014. Anual. Disponível em < http://www.cidp.pt/revistas/ridb/2014/08/2014_0 8_05767_05806.pdf >. Acesso em: 19 jun. 2022.

MUÑOZ, Francisco Javier Jiménez. Denegación de la inscripción de la filiación determinada por la celebración de un contrato de gestación por sustitución: comentario a la STS 835/2013, de 6 de febrero de 2014 (RJ 2014, 736). *Revista Boliviana de Derecho*, La Paz, n. 18, p. 400 – 419, 2014. Disponível em: < https://dialnet.unirioja.es/servlet/articulo?codigo=4766477 >. Acesso em: 20 jun. 2022.

PARLAMENTO ITALIANO. *Legge nº 40, de 19 de fevereiro de 2004*. Norme in materia di procreazione medicalmente assistita. [S. l.], 2004. Disponível em: < https://web.camera.it/parlam/leggi/04040l.htm >. Acesso em: 24 jun. 2022.

PESSINI, Leo. Elementos para uma bioética global: solidariedade, vulnerabilidade e precaução. *Thaumazein, Santa Maria*, v. 10, n. 19, p. 75-85, 2017. Disponível em: < https://periodicos.ufn.edu.br/index.php/thaumazein/article/view/1983 >. Acesso em: 24 jun. 2022.

REPUBLIQUE FRANÇAISE. *Code Civil*. 1803. Disponível em: < https://www.legifrance.gouv.fr/codes/section_lc/LEGITEXT000006070721/LEGISCTA000006089696/2022-06-24/ >. Acesso em: 24 jun. 2022.

SCOTTI, Luciana Beatriz. El reconocimiento extraterritorial de la "maternidad subrogada": una realidad colmada de interrogantes sin respuestas jurídicas. *Revista Pensar em Derecho*, Buenos Aires, v.1, n. 1, p. 1 – 344, 2012. Disponível em: < http://www.derecho.uba.ar/publicaciones/pensar-en-derecho/revistas/1/revista-pensar-en-derecho.pdf >. Acesso em: 20 jun. 2022.

SURROGATE. *California Surrogacy Laws*. [S. l.], [20--]. Disponível em: https://surrogate.com/surrogacy-by-state/california-surrogacy/california-surrogacy-laws/. Acesso em: 24 jun. 2022.

———. *Surrogacy in Thailand*. [S. l.], [20--]. Disponível em: https://surrogate.com/intended-parents/international-surrogacy/surrogacy-in-thailand/. Acesso em: 24 jun. 2022.

VATICANO, Aleteia. *Barriga de aluguel*: casos chocantes e (sur)reais de "clientes" ou "prestadoras" que desistiram do "negócio": De escravidão na Tailândia e na Índia a eugenia, abandono, pedofilia e coisificação de bebês no "Primeiro Mundo". Aleteia, José Bonifácio, 15 maio 2015. Disponível em: https://pt.aleteia.org/2015/05/15/barriga-de-aluguel-casos-chocantes-e-surreais-de-clientes-ou-prestadoras-que-desistiram-do-negocio/. Acesso em: 24 jun. 2022.

VIANA, Juliana Moura Lopes. *A Maternidade Substitutiva das Relações Familiares Contemporâneas*. 61 f. Trabalho de Conclusão de Curso (Graduação) – Curso de Direito, Centro Universitário de Brasília, 2016. Disponível em: < https://repositorio.uniceub.br/jspui/handle/235/10577 >. Acesso em: 20 jun. 2022.

CONTRATO DE GESTAÇÃO DE SUBSTITUIÇÃO

QUEILA ROCHA CARMONA[1]
LELITA HELENA LOPES[2]

INTRODUÇÃO

Biodireito é entendido como a regulamentação jurídica da conglomeração de normas ético-morais direcionadas às ciências da vida. Tem objetivo de atentar às biotecnologias, tutelando o equilíbrio do avanço científico e concretizando normas para que ocorra esse avanço, concomitantemente com a preservação de todas as formas de vida.

O termo bioética vem paralelamente com o biodireito, em razão de tratar da ética aplicada nas relações vitais do ser humano, seja com outros seres humanos ou com o ecossistema como um todo.

Inicialmente, faz-se importante destacar o vínculo entre biodireito, direitos fundamentais e direitos humanos, vínculo este essencial em termos de proteção ao direito à vida que tem previsão na Constituição Federal de 1988, na Declaração Universal dos Direitos Humanos de 1948 e, também, nos Tratados Internacionais de proteção aos direitos humanos.

---

[1] Pós-doutoranda pela Universidade Nove de Julho. Doutora em Direito pela Pontifícia Universidade Católica de São Paulo. Mestra em Direito e Especialista em Direito Tributário pela Universidade Nove de Julho. Professora de Direito na Faculdade de Direito Santo André. Advogada.

[2] Graduanda em Direito pela FATEJ/FADISA, pós-graduada em Gestão de Cidades pela UNINOVE e bacharel em Educação Física pela ESEF/UPE.

A gestação de substituição, por sua vez, é uma das técnicas de reprodução assistida que vem ganhando espaço no Brasil, trata-se da cessão temporária do útero para gerar o filho de uma outra pessoa ou casal.

Ante a ausência de legislação específica para regulação de tal técnica, propõe-se nesta pesquisa destacar um instrumento jurídico de suma importância para delimitar as obrigações de cada parte nessa relação que é o contrato.

Frente a este cenário, serão abordados aspectos que envolvem a celebração de contrato para que se torne possível e juridicamente segura, a realização da técnica de reprodução assistida denominada gestação de substituição.

A técnica de pesquisa utilizada é a bibliográfica e documental, sob uma abordagem dedutiva acerca do tema.

1. DO CENÁRIO HISTÓRICO DO BIODIREITO

No aspecto histórico-evolutivo, a doutrina classifica os direitos fundamentais em gerações ou dimensões. De acordo com os ensinamentos de Sarlet e Marinoni (2018, p. 330), os direitos fundamentais passaram por transformações cumulativas, sem ocorrer a permuta ou a ruptura de uma pela outra. Esse processo evolutivo, reporta-se a categorização do progresso dos direitos supracitados em até 6 gerações ou dimensões.

Importa destacar as três gerações ou dimensões tidas como tradicional na doutrina dos direitos fundamentais. A primeira respalda-se na liberdade, na abstenção do Estado no controle civil e político; a segunda dá-se valor à igualdade, aos direitos sociais igualitários, limitando a autonomia de vontade das partes em favor dos interesses coletivos; já a terceira enfatiza o preceito de solidariedade e fraternidade, dos direitos transindividuais de natureza indivisível e ao meio ambiente equilibrado. A classificação dada a essas três dimensões é considerada tradicional.

Norberto Bobbio (2004, p. 9), defende o surgimento da quarta dimensão, a qual remete à integridade do patrimônio genético, em razão dos avanços tecnológicos nas pesquisas que envolvem a manipulação genética. Estando, assim, fortemente vinculada aos conceitos de biodireito e bioética.

É possível sustentar a ideia de que a dilatação dos direitos fundamentais e a denominação de novas dimensões seja importante para criação de uma estrutura forte e efetiva para promover a vida do ser humano com mais dignidade.

No âmbito do ordenamento jurídico, cabe rememorar que o direito à vida está elencado no artigo 5º da Constituição Federal de 1988, o qual se soma ao princípio da dignidade da pessoa humana, previsto como fundamento do Estado Democrático de Direito, consoante artigo 1º, inciso III, da mesma Carta Republicana.

Desse modo, é importante considerar o constante avanço da tecnologia e compreender o impacto nos aspectos biológicos. Esse cenário tem alterado rapidamente os padrões de comportamento do ser humano, principalmente no campo da biotecnologia que envolve ideais de prolongação da vida, melhoria da saúde e aperfeiçoamento da beleza.

O biodireito aborda temas sensíveis como a pesquisa com seres humanos, manipulação genética, uso de células-tronco, transplante de órgãos, doação de sangue, clonagem, gestação de substituição, entre outros. Já a bioética é a ética das ciências e tecnologias, que possui o intuito de preservar os princípios, valores morais das condutas e a dignidade da vida como um todo.

A manipulação genética é tema sempre presente no âmbito do biodireito, Maria Helena Diniz a conceitua como:

> É um conjunto de atividades que permite atuar sobre a informação contida no material hereditário ou manipular o genoma humano no todo ou em partes, isoladamente, ou como parte de compartimentos artificiais ou naturais. (Maria Helena Diniz, 2017, p. 635)

Logo, pode-se entender que a manipulação genética em seres humanos consiste em engenharia com intuito de alterar o patrimônio genético, combinando genes com a finalidade de aprimorar o funcionamento do corpo humano, a beleza, a saúde, entre outros.

Apesar do biodireito se interligar com a bioética, a fim de garantir o conteúdo ético na proteção da vida ante as técnicas científicas existentes, em especial, reprodução humana assistida, clonagem e experimentações científicas, existem riscos à dignidade da pessoa humana, fazendo jus ao ensinamento da professora Maria Helena Diniz:

> urge, portanto, a imposição de limites à moderna medicina, reconhecendo-se que o respeito ao ser humano em todas as suas fases evolutivas (antes do nascer, no nascimento, no viver, no sofrer e no morrer) só é alcançado se estiver atento à dignidade humana. (Maria Helena Diniz, 2017, p. 42)

Outrossim, vale expor que a bioética surge em um cenário de questionamento do potencial da ética médica em abarcar as novas demandas que envolvem diferentes conhecimentos, assim como, interesses de ordem geral da sociedade. Logo, a bioética nasce em resposta à crise da ética médica frente aos vigentes desafios postos pela amplitude da técnica e pela necessidade de maior segurança no mundo da vida que comporta a existência humana, não humana e o meio ambiente.

> Desde o início do século XX, a medicina multiplicou sua capacidade de intervir eficazmente sobre o ser humano doente, tanto por meios medicamentosos (antibióticos, vacinas, neurolépticos, etc.) quanto por técnicas sofisticadas de intervenção (cirurgia cardíaca, reanimação, transplante de órgãos, etc.) ou de diagnóstico (eletrocardiograma, arteriografia, ressonância magnética, etc.). A prática médica tornou-se mais técnica. Mais do que isso: a utilização das técnicas biomédicas pôde ser orientada para outros fins não estritamente terapêuticos (tratamento de uma enfermidade e administração de cuidados), dentro de um objetivo de conveniência pessoal (seleção do sexo por diagnóstico pré-natal, fecundação artificial, eutanásia, etc.). Com isso, o modelo tecnocientífico (poder de transformação, controle dos

processos, eficácia, rendimento, acessibilidade) tende a dominar o desenvolvimento da medicina (WORMS, 2013, p. 112).

Logo, em termos de desenvolvimento bioético, pode-se inferir que a partir do novo modelo denominado tecnocientífico, caracterizado pelo poder de transformação, a medicina teve suas competências ampliadas não somente no plano dos tratamentos de doenças com medicamentos, operações e investigações de sintomas, mas também no plano dos desejos pessoais, restando possível o atendimento de intenções dos pacientes para além do objetivo terapêutico. A medicina, desde o século XX, tornou-se mais ampla e mais técnica.

Neste cenário, para auxiliar na submissão do fundamento constitucional da dignidade da pessoa humana, a doutrina adota quatro princípios que a bioética e o biodireito devem tomar como parâmetro, quais sejam o da beneficência, da não maleficência, da justiça, bem como da autonomia.

O princípio da beneficência, segundo Diniz (2017, p. 39), baseia-se no pensamento de que o profissional de saúde deve usar tratamentos médicos para promover a maior porção possível de bem ao paciente, evitando o mal e minimizando riscos.

O princípio da não maleficência deriva da premissa anterior, conforme uma vez que é de responsabilidade da equipe profissional não causar o mal a quem procura tais serviços, sem prejudicá-lo ou provocar algum dano (DINIZ, 2017, p. 40).

Já o princípio da justiça remete à justiça distributiva, conforme Diniz (2017, p. 40), a qual estabelece uma relação de equidade nos desdobramentos que um serviço de saúde pode causar aos pacientes, seja benefícios, riscos, encargos, etc.

Por derradeiro, de acordo com Diniz (2017, p. 40), o princípio da autonomia refere-se à consideração em relação à vontade do paciente, ou do seu representante, perante a atuação médica, admitindo o domínio sobre sua própria vida e respeitando sua intimidade, na medida de seus valores morais e crenças religiosas.

Além do ordenamento positivado, o instrumento jurídico disponível que tange a delimitação entre a autonomia, liberdade e ordem social, é o contrato entre as partes, o qual, na seara da gestação de substituição, será celebrado com termos a se garantir especialmente o fundamento constitucional da dignidade da pessoa humana.

2. DA GESTAÇÃO DE SUBSTITUIÇÃO (CESSÃO TEMPORÁRIA DE ÚTERO)

A gestação de substituição ou cessão temporária de útero está dentre as técnicas de reprodução assistida mais comuns, ao lado da inseminação artificial e da fertilização in vitro.

A aplicação de cada uma dessas técnicas é estabelecida de acordo com o quadro clínico individual, amparada pela doutrina médica e pela Resolução nº 2.294/2021.

De forma geral, a cessão temporária de útero é utilizada quando o casal ou a pessoa não consegue gerar por meios naturais e recorrem a uma genitora apta (gestatrix), que entregará a criança aos efetivos pais após o nascimento.

Isto porque o Conselho Federal de Medicina, em sua Resolução CFM nº 2.294/2021, que dispõe sobre a cessão temporária do útero, autoriza a prática de gestação de substituição, desde que exista problema médico que impeça ou contraindique a gestação, em casos de união homoafetiva ou de pessoa solteira.

A mencionada Resolução impõe alguns requisitos para que possa haver tal prática, por exemplo, a cedente do útero deverá ter pelo menos um filho vivo e parentesco consanguíneo até o quarto grau com um dos parceiros e não poderá ter caráter lucrativo ou comercial.

De acordo com Gama (2008), as formas mais habituais de proceder uma gestação de substituição compreendem em: (a) utilizar o óvulo e o espermatozóide do próprio casal; (b) a própria mulher que irá gestar fornece o óvulo para que unido ao sêmem do pai efetive o projeto parental, entregando a criação ao casal no momento o nascimento; (c) formar o embrião a partir da fecundação do espermatozóide de um doador com o óvulo da gestatrix, comprometendo-se a entregar a criança ao casal que não participou com material fecundante.

Para que haja qualquer uma dessas técnicas de cessão de útero, a Resolução CFM nº 2.294/2021 normatiza conforme elencado a seguir:

- possuir existência de sucesso e baixa probabilidade de risco grave à saúde do(a) paciente ou do pretendido descendente;
- a idade máxima da gestante que se submeterá à técnica é de 50 anos, as exceções desse limite poderão ser analisadas pelo médico ponderando critérios técnicos e científicos, bem como respeitando a autonomia da paciente e do médico;
- não haver seleção de sexo ou outra característica biológica do embrião, exceto para evitar doenças na criança;
- a idade da gestante irá determinar o número de embriões implantados:

  a) mulheres com até 37 (trinta e sete) anos: até 2 (dois) embriões;
  b) mulheres com mais de 37 (trinta e sete) anos: até 3 (três) embriões;
  c) em caso de embriões euploides ao diagnóstico genético; até 2 (dois) embriões, independentemente da idade; e
  d) nas situações de doação de oócitos, considera-se a idade da doadora no momento de sua coleta." (Resolução 2.294/2021, anexo, I-7).

- proibição de reduzir a quantidade de embriões após a nidação, em caso de gravidez múltipla;
- a gestatrix deve ser mãe de pelo menos um filho vivo e possuir parentesco consanguíneo até o quarto grau de

um dos futuros pais, podendo, o Conselho Regional de Medicina avaliar e autorizar as excepcionalidades;
- vedação ao caráter lucrativo ou comercial cessão temporária do útero, bem como o impedimento da clínica de reprodução intermediar a escolha da cedente;
- elaboração de termo de consentimento livre e esclarecido de todos os envolvidos na técnica abrangendo dados de característica biológica, jurídica e ética, como aspectos biopsicossociais e riscos envolvidos no ciclo gravídico-puerperal e também aspectos legais da filiação;
- obrigação de registro civil da criança, devendo essa documentação ser providenciada ainda durante a gravidez;
- declaração de aprovação escrita do(a) cônjuge ou companheiro(a), se a cedente temporária do útero assim o possuir.

Assim, é possível observar que a gestação de substituição desencadeia uma gama de relações jurídicas, bem como não dispõe de legislação específica para se amparar, com isso, a fim de pormenorizar os insucessos nessa relação vital, é de suma importância a pactuação das obrigações de cada uma das partes, por meio de um contrato.

3. DO CONTRATO DE CESSÃO TEMPORÁRIA DE ÚTERO (GESTAÇÃO DE SUBSTITUIÇÃO)

A gestação de substituição, conforme visto anteriormente advém dos avanços da biotecnologia, a qual já é uma realidade no Brasil, no entanto, é inequívoca a lacuna legislativa disciplinadora dessas técnicas um tanto quanto recentes.

Para tal situação acontecer, faz-se imprescindível a celebração de um contrato dispondo sobre o acordo realizado entre as partes, os aspectos formais atinentes ao procedimento e à filiação da criança a ser gerada.

A priori, faz-se necessária uma explanação acerca do direito à liberdade de contratar e da função social do contrato, em razão da necessidade de se respeitar os direitos fundamentais e a dignidade da pessoa humana nas relações contratuais.

Nos ensinamentos de Flávio Tartuce (2018, p. 60) é possível observar que a liberdade de contratar se distingue da liberdade contratual, estando a primeira concatenada à liberdade plena, as preferências dos indivíduos que o negócio será celebrado, com as limitações previstas em legislações específicas. Já a segunda, está relacionada à autonomia da pessoa na realização do negócio jurídico, acarretando, assim, diversas limitações à liberdade da pessoa, em prol da integridade e do bem social.

O Código Civil, em seu artigo 421, prevê que a liberdade contratual deverá ser exercida dentre os limites da função social do contrato. Com isso, pode-se entender que o contrato gera um efeito perante a sociedade e não apenas para as partes que o celebram, por essa razão deve ser submetido a um controle de merecimento para que seja enquadrado nos parâmetros da ordem social.

Em corroboração, Gonçalves (2018, p. 20) defende que o artigo 421 do Código Civil conduz a um valor operativo, regulador da disciplina contratual, o qual deve ser utilizado na interpretação, na integração e na concretização das normas contratuais.

Suplementando o dispositivo mencionado acima, a I Jornada de Direito Civil (2002) formulou o enunciado 23, o qual estabelece que a função social do contrato, que está prevista no artigo 421 do Código Civil, não afasta o princípio da autonomia contratual, mas limita o alcance do princípio quando existe interesses metaindividuais ou interesse individual interligado à dignidade da pessoa humana.

É interessante mencionar que a função social não impede a liberdade contratual ou o princípio da autonomia, mas traça limites para a manutenção da ordem pública, uma vez que a "real função do contrato não é a segurança jurídica, mas sim atender os interesses da pessoa humana" (Tartuce, 2018, p. 64).

No campo da gestação de substituição, em concordância com Barbosa (2021), o contrato tem caráter atípico, cujo objeto compreende a geração de uma criança vislumbrando a realização do projeto familiar de outrem, tendo como exaurimento a entrega da criança, na medida em que a filiação é estabelecida com os autores do projeto parental, independentemente da carga genética ou fisiológica da gestatrix.

Voltando-se para o Código Civil, o artigo 13, preceitua a possibilidade de disposição do próprio corpo, desde que não acarrete redução permanente da integridade física ou contrarie a integridade física.

O artigo 15, do Código Civil, também merece especial atenção ao designar que "ninguém pode ser constrangido a submeter-se, com risco de vida, a tratamento médico ou a intervenção cirúrgica".

Ambos os dispositivos legais serão, neste estudo, entendidos como diretrizes substanciais, conjuntamente com o direito à vida e o princípio da dignidade da pessoa humana, na elaboração de contrato de cessão temporária de útero.

Em relação, especificamente, aos contratos, o artigo 104 do Código Civil, impõe três requisitos para a validade do negócio jurídico, o agente ser capaz, o objeto do contrato ser lícito, determinado ou determinável, bem como ser de forma autorizada ou não proibida em lei.

Relativamente à capacidade das partes, por óbvio, o contrato para a concretização da gestação de substituição apenas poderá ser firmado entre pessoas que possuem irrestrito discernimento, nos termos da lei, uma vez que necessita de um consentimento "pleno, efetivo, nunca presumido, atual, espontâneo, consciente e informado" (MEIRELES, 2009, p. 215). Isso por causa de se referir a uma técnica médica que envolve uma gama de possíveis incidentes tanto físico, quanto psíquico.

Para Presgrave e Araújo (2018) é indispensável que o médico explane sobre todas as consequências éticas, médicas e jurídicas para viabilizar o consentimento dos pacientes.

Quanto à autorização ou não proibição legislativa, destaca-se o fato de o contrato não ferir alguma norma positivada anteriormente, fundando-se na concordância entre as partes que melhor atenda os interesses mútuos.

No que tange a licitude do objeto, conforme já informado anteriormente, não há norma jurídica que se ocupa em tratá-la especificamente, tampouco que a proíba. Pelo contrário, a Constituição Federal, em seu artigo 226, § 7º, ressalta que o planejamento familiar compete ao casal, o qual é embasado no princípio da dignidade da pessoa humana, bem como a Resolução CFM nº 2.294/2021, estabelece normas éticas para a utilização das técnicas de reprodução assistida, entre elas, a gestação de substituição.

De acordo com Raposo (2012), a cessão temporária de útero é abarcada no âmbito de uma contratação de serviço. O serviço reprodutivo é o objeto do contrato firmado livremente entre as partes, que torneia as pretensões e necessidades das pessoas envolvidas, não contrariando a ordem pública, nem os bons costumes.

Tal pensamento se ratifica diante da definição de contrato de prestação de serviço dada por Lôbo (2018, p. 248):

> A prestação de serviços é o contrato bilateral, temporário e oneroso, mediante o qual uma pessoa (prestador de serviços) se obriga a desenvolver uma atividade eventual, de caráter corporal ou intelectual, com independência técnica e sem subordinação hierárquica, em favor de outra (tomador ou recebedor dos serviços), assumindo esta uma contraprestação pecuniária.

Assim, pode-se inferir que o contrato de cessão temporária de útero abrange todos os requisitos. A bilateralidade está presente, pois de um lado existe a pessoa ou casal que deseja uma criança e não pode gerar, do outro, a gestatrix que se disponibiliza conceber o filho de terceiros; já o caráter temporário está presente no intervalo entre a preparação e a duração da gestação; a onerosidade é percebida não de forma lucrativa, o que é proibida pela normativa técnica, mas pelo custeio de todo o tratamento. A obrigação de desenvolver atividade eventual, de caráter corporal, com independência técnica e sem subordinação hierárquica, em favor de outra, fica a cargo da gestante. Por último, a contraprestação pecuniária pode ser facilmente sanada com os artigos 1º e 2º da Lei nº 9.608/1998, os quais dispõem sobre a possibilidade de prestação de serviço voluntário, sem fins lucrativos e sem vínculo empregatício com o contratante.

Diante todo o exposto, é notório a presença dos requisitos para a celebração de um contrato de gestação de substituição, desde que seja possível vislumbrarmos a autonomia da vontade, a liberdade contratual, o consentimento, a licitude do objeto, a capacidade do agente e o respeito à dignidade da pessoa humana.

4. CONCLUSÃO

As técnicas de reprodução assistida possuem o objetivo de auxiliar no processo de planejamento familiar. Dentre as técnicas, a gestação de substituição vem ganhando espaço neste campo.

A cessão temporária de útero atrelada ao planejamento familiar se torna uma exteriorização do princípio constitucional da dignidade da pessoa humana.

O ordenamento jurídico brasileiro ainda não estipulou instrumento legislativo que fixa o modo operante na relação entre as partes que irão se submeter à mencionada técnica.

Diante disso, importa que a estipulação dos termos, como direitos e deveres, seja firmada em um contrato de prestação de serviços, observando o contido na Constituição Federal, no Código Civil, na Resolução CFM nº 2.294/2021 e demais legislações que porventura tratarem de tema correlato.

Conclui-se, portanto, que a celebração de contrato de cessão temporária de útero é uma prática lícita, desde que respeitada algumas limitações como gratuidade, consentimento, idade, entre outros, haja vista que não se trata de mera instrumentalização do corpo humano, mas sim, da promoção da liberdade corpórea do ser, sem contrariar a ordem pública, os bons costumes, tampouco, a dignidade da pessoa humana.

REFERÊNCIAS

BARBOSA, Amanda S. *A licitude da gestação de substituição no Brasil*: atualizações a partir da Resolução CFM Nº 2.294/2021. Revista Conversas Civilísticas, Salvador, v. 1, n. 2, jul./dez. 2021.

BITTAR, Eduardo C. B.; Almeida, Guilherme A. de. *Curso de filosofia do direito*. 14. ed. São Paulo: Atlas, 2019.

BOBBIO, Norberto. *A era dos direitos*. tradução de Carlos Nelson Coutinho. Rio de Janeiro: Elsevier, 2004.

BRAGATO, Adelita Ap. Podadera Bechelani. *Bioética: uma ferramenta para garantir os Direitos Humanos*. Disponível em: <http://www.lo.unisal.br/direito/semifce/publicacoes/ARTIGOS%20-%20Direitos%20Constitucionais%20de%20Titularidade%20Difusa%20e%20Coletiva%20II/Adelita%20Aparecida%20Podadera%20Bechelani%20Bragato.pdf>. Acesso: 05/07/2022.

BRASIL. *Código Civil*. In: Vade Mecum OAB e Concurso. 16. ed. São Paulo: SaraivaJur, 2022.

———. Lei 9.608, de 18 de fevereiro de 1998. *Dispõe sobre o serviço voluntário e dá outras providências*. Disponível em: <http://www.planalto.gov.br/ccivil_03/leis/l9608.htm>. Acesso em: 07/07/2022.

Conselho Federal de Medicina. *Resolução CFM 2.294/2021*, de 27 de maio de 2021. Adota as normas éticas para a utilização das técnicas de reprodução assistida. Publicada no D.O.U. de 15 de junho de 2021, Seção I, p. 60. Disponível em: <https://sistemas.cfm.org.br/normas/arquivos/resolucoes/BR/2021/2294_2021.pdf>. Acesso em: 02/07/2022.

DINIZ, Maria Helena. *O estado atual do biodireito*. 10. ed. - São Paulo: Saraiva. 2017.

GAMA, Guilherme Calmon Nogueira da. *Direito Civil: Famílias*. São Paulo: Atlas, 2008.

GONÇALVES, Carlos Roberto. *Direito civil brasileiro: contratos e atos unilaterais*. 15. ed. São Paulo: Saraiva Educação, 2018.

Jornadas de direito civil I, III, IV e V: enunciados aprovados/ coordenador científico Ministro Ruy Rosado de Aguiar Júnior. Brasília: Conselho da Justiça Federal, Centro de Estudos Judiciários, 2012.

LÔBO, Paulo. *Direito Civil: contratos*. 4. ed. São Paulo: Saraiva Educação, 2018.

———. *Direito Civil: famílias*. 8. ed. São Paulo: Saraiva Educação, 2018.

MALUF, Adriana Caldas do Rego Freitas Dabus. *Curso de Bioética e biodireito*. São Paulo: Editora Atlas, 2010.

MACHADO, Natália Paes Leme, et al. *Biodireito*. Londrina: Editora e Distribuidora Educacional S.A, 2018.

MEIRELES, Rose M. V. *Autonomia Privada e Dignidade Humana*. Rio de Janeiro: Renovar, 2009.

PRESGRAVE, Ana Beatriz F. R. ARAÚJO, Débora M. T. de. *O contrato de gestação de substituição a título oneroso no direito brasileiro*. DESC - Direito, Economia e Sociedade Contemporânea. Campinas. Vol. 1, n. 1, p. 10-32, Jul/Dez 2018.

RAPOSO, Vera Lúcia. *Quando a cegonha chega por contrato*. Boletim da Ordem dos Advogados, n.º 88. Lisboa, 2012.

SARLET, Ingo W. MARINONI, Luiz Guilherme. MITIDIERO, Daniel. *Curso de direito constitucional*. 7. ed. São Paulo: Saraiva Educação, 2018.

TARTUCE, Flávio. *Direito Civil: teoria geral dos contratos e contratos em espécie*. 13. ed. rev. atual. e ampl. Rio de Janeiro: Forense, 2018.

VALLE, Paulo Heraldo C. do. *Bioética e biossegurança*. Londrina: Editora e Distribuidora Educacional S.A, 2016.

WORMS, Frédéric. Bioética. Tradução de Paulo Neves. In: Monique Canto-Sperber (Org.). *Dicionário de Ética e Filosofia Moral*. 2. ed. São Leopoldo: Editora Unisinos, 2013.

NO CASO DE "PRODUÇÃO INDEPENDENTE", VALE UMA EVENTUAL MANIPULAÇÃO GENÉTICA PARA SATISFAZER OS INTERESSES DA MÃE?

NATALIA BACARO COELHO[1]

1. INTRODUÇÃO: A EVOLUÇÃO DA MEDICINA E DAS TÉCNICAS DE REPRODUÇÃO HUMANA ASSISTIDA

Não é só a tecnologia da informação que vem evoluindo a olhos vistos. Todos os campos da atividade econômica passaram, estão passando, e é muito provável que continuarão passando por um contínuo aprimoramento, evolução, melhoria, sem um prazo para que esse aprimoramento termine. E é bem possível que essa evolução nunca finalize.

Entretanto, como nem só de tecnologia da informação e ferramentas online vivemos, esse desenvolvimento tecnológico também se direcionou há alguns para a área médica, que veio passando por um salto de transformação nunca dantes visto.

Tanto assim que, em poucos meses, conseguiu-se desenvolver uma vacina capaz de diminuir a mortalidade causada por um vírus que, até hoje, ainda não se conseguiu, oficialmente, identificar a sua verdadeira origem.

---

[1] Pós-graduada em direito de família e sucessões aplicado pela UniFMU e em Direito Civil pela Universidade Presbiteriana Mackenzie. Advogada.

Mas, deixando os vírus para o estudo dos infectologistas, e demais profissionais que se mostraram verdadeiros heróis nos últimos anos, conseguimos perceber que todas as áreas da medicina sofreram grandes melhorias; melhorias essas que trouxeram grandes melhorias para a sociedade, principalmente na qualidade de vida da população.

E uma dessas melhorias surgiu como única solução viável tanto para casais que não tiveram sucesso na reprodução humana natural, decorrente da relação sexual entre homem e mulher, por conta de inúmeros problemas que não vamos indicar aqui, quanto para mulheres solteiras que não conseguiram, por algum motivo, seja esse motivo qual for, gerar uma vida.

E essa melhoria tem nome: são as técnicas de reprodução humana assistida, que cada vez mais conseguem tornar realidade o desejo de casais, e mulheres solteiras, qual seja, formar uma família.

Nosso enfoque aqui não terá relação com o desejo de casais que buscam nas técnicas de reprodução assistida a capacidade de formar uma família, mas sim com relação a viabilidade dos desejos de mulheres solteiras, "independentes", profissionais ocupando altos cargos de chefia, que querem, de qualquer maneira, começar uma família, mas que, justamente nesse momento, também querem "brincar" de Deus.

Será que os desejos das "futuras mamães solteiras e independentes" podem ser todos levados em consideração?

Será que os ginecologistas e especialistas em reprodução humana não têm um limite que é preciso ser analisado pelos órgãos regulamentadores da atividade médica; limites esses que servem justamente para resguardar essa "brincadeira de Deus" que muitos, indevidamente, acabam colocando em prática?

Será que, para evitar que a criança possa vir a ter problemas de saúde que são transmissíveis geneticamente, podemos modificar esse embrião?

Será que, para gerar uma criança loira, com olhos azuis, e predisposição genética a ter um corpo atlético, podemos modificar esse embrião?

Vamos analisar, portanto, a possibilidade, ou não, de se poder manipular, geneticamente, esse embrião para satisfazer esses interesses trazidos pela mãe ao especialista em reprodução humana.

2. CONCEITO: REPRODUÇÃO HUMANA ASSISTIDA

A família, desde os primórdios da Humanidade, sempre mereceu uma proteção especial do legislador.

Mesmo porque, sem que existam pessoas que formem uma família, sem que existam famílias que deem origem a um clã, que, por sua vez, dá origem a uma tribo e, consequentemente, dá origem a uma sociedade, não existiria a Humanidade.

Por sempre ter merecido uma proteção especial do legislador, desde o legislador mais antigo de que se tem notícia, como o legislador do Código de Hamurabi, quanto o mais atual representante de determinada sociedade, a família, a prole, os filhos sempre foram resguardados, tanto com a possibilidade da intervenção de terceiros para proteger essa célula-mãe da sociedade, quanto com a possibilidade de o irmão do marido, ante a esterilidade desse, poder inseminar a esposa, a fim de que a prole fosse garantida, por exemplo.

Mas, como não estamos mais em tempos remotos e antigos, a tecnologia acaba dando uma "forcinha" em casos de esterilidade. E essa tecnologia, essa assistência, essa ajuda, como já mencionamos acima, pode ser definida como a Reprodução Humana Assistida.

A Reprodução Humana Assistida, de acordo com a definição trazida por Adriana Caldas do Rego Freitas Dabus Maluf (2015, p. 193),*"é, basicamente, a intervenção do homem no processo de procriação natural, com o objetivo de possibilitar que pessoas com problemas de infertilidade ou esterilidade satisfaçam o desejo de alcançar a maternidade ou a paternidade."*

Na lição de Adriana Maluf (2015, p.195), *"as técnicas de reprodução humana assistida podem ser classificadas da seguinte forma: relação programada; inseminação artificial intrauterina e fertilização extracorpórea, que abrange a fertilização in vitro clássica e a fertilização in vitro por meio de injeção citoplasmática de espermatozoide."*

Não estamos tratando nesse artigo a respeito da aplicação das técnicas de reprodução humana assistida como solução para problemas de infertilidade ou esterilidade, mas sim, na situação em que uma mulher, econômica, profissional e emocionalmente estável, mas que não tenha encontrado um parceiro que julgue "adequado o suficiente" para começar uma família, resolve buscar nessas técnicas de reprodução humana a saída para começar, de modo "independente", uma família, para gerar uma vida.

Partindo desse pressuposto, as técnicas de reprodução assistida que mais se adequam à hipótese de "produção independente", que estamos tratando nesse artigo, são a inseminação artificial intrauterina (IAU) e a fertilização extracorpórea.

A fertilização extracorpórea pode ser subdividida em: fertilização in vitro convencional com transferência de intrauterina de embriões (FIVETE); a transferência intratubária de gametas (GIFT); a transferência intratubária de zigoto (ZIFT) e a injeção citoplasmática de espermatozoide (ICSI).

A inseminação artificial intrauterina é considerada a mais básica de todas as técnicas e pode ser conceituada como a introdução artificial de espermatozoides no interior do canal genital feminino com o auxílio de um cateter.

Mas, para a situação que discutimos nesse trabalho, a técnica de reprodução assistida que mais traz situações práticas que merecem uma regulamentação pelos órgãos responsáveis é a fertilização in vitro convencional com transferência intrauterina de embriões (FIVETE).

Nesse caso, a futura mamãe passa por um período de estimulação da ovulação mediante o uso de hormônios. Com esse uso dos hormônios, conseguimos obter a formação de vários folículos maduros.

Quando esses folículos maduros transformar-se-ão em óvulos, esses óvulos são coletados do organismo da mãe e são colocados junto com os espermatozoides em um instrumento laboratorial chamado "Placa de Petri", ocasião em que são fecundados.

Os espermatozoides, por sua vez, são coletados junto a bancos de sêmen, que, para exercerem regularmente as suas atividades, devem atuar de acordo com as regulamentações emitidas pelos órgãos responsáveis, tais como a ANVISA (Agência Nacional de Vigilância Sanitária), além dos Conselhos Regionais e do Conselho Federal de Medicina.

Essa doação dos espermatozoides é feita de modo gratuito por qualquer homem que procura esses bancos de sêmen.

Para que esses espermatozoides sejam coletados para, posteriormente, serem implantados no organismo feminino, são feitos vários testes laboratoriais junto ao doador, visando garantir o sucesso no uso desses tecidos germinativos e, com isso, realizar o sonho de uma mulher que deseja ser mãe, independentemente da existência, física, de um pai.

Ao se realizar a fecundação do óvulo com o espermatozoide, forma-se um zigoto que, posteriormente, originará um embrião.

Como já vimos quais são as técnicas de reprodução humana que mais se adequam à situação em que uma mulher deseja ser mãe, sem que haja a figura de um pai, será que todos os desejos que essa mulher tem podem ser levados em conta?

Significará que há um limite nessa atividade, conhecida também como "brincadeira" de Deus?

Será que não precisamos levar em consideração a dignidade humana? Será que não deve ser considerado também o direito de a criança concebida mediante o auxílio das técnicas de reprodução assistida ter conhecimento da integralidade da sua origem biológica?

3. MANIPULAÇÃO GENÉTICA LIBERADA?

O biodireito, como área de estudo jurídico desses avanços tecnológicos médicos, tem como uma de suas principais funções a fiscalização desses avanços, para que nenhum direito de um embrião, e até mesmo do ser humano já concebido e nascido, por exemplo, seja violado.

A manipulação genética realizada em território brasileiro não é considerada uma atividade ilegal, indevida, mas, como toda atividade médica em tempos atuais, não pode e não deve ser utilizada para toda e qualquer finalidade.

Ou seja, essa manipulação genética, essa "brincadeira de Deus" que muitos profissionais da saúde gostam de exercer, precisa ter uma finalidade específica, seja para descobrir, precocemente, as más formações de genes, seja para providenciar, se o caso necessitar, o reajuste de células que possam trazer problemas futuros, caso sejam implantadas no útero feminino do jeito que estão após a fecundação.

Se há algum limite a essa "brincadeira de Deus", esse limite é estabelecido por meio dos princípios do biodireito que se relacionam com o tema da manipulação genética.

Os princípios que se relacionam ao tema aqui posto em discussão são os princípios da autonomia; da beneficência e da justiça.

O princípio da autonomia, de acordo com a definição trazida pela Professora Adriana Maluf (2015, p. 18), pode ser conceituado como *"ligado ao autogoverno no homem, no que tange principalmente às decisões sobre os tratamentos médicos e experimentação científica aos quais será submetido. Assim, as decisões clínicas deverão ser tomadas em conjunto na relação médico-paciente."*

Ou seja, o homem, no caso, a futura mamãe precisa ter ciência que determinado embrião pode vir a ser modificado geneticamente para se evitar que a criança que será implantada em seu útero venha a desenvolver a distrofia muscular de Duchenne, por exemplo.

A distrofia muscular de Duchenne é uma doença genética degenerativa e incapacitante que acomete apenas meninos. Sua principal característica é o fato de que acontece uma degeneração progressiva do músculo, por conta da ausência de uma proteína que é essencial para a atividade muscular.

Entretanto, essa decisão deve ser tomada conjuntamente, entre médico e mãe, e não ser tomada de modo individual pelo profissional de saúde.

A mãe, a possuidora do material genético que foi fecundado, e aquela que espera pela fecundação do embrião em laboratório, e consequente implantação em seu útero, precisa ficar ciente que, por característica de seu histórico genético, ou até mesmo por conta de uma característica genética do doador do sêmen, é possível que a criança que será concebida possa vir a ter uma doença degenerativa ou não.

Cabe à mãe decidir se ela vai "apostar na loteria da genética", não requerendo que nenhuma manipulação genética seja feita no seu embrião, ou se ela vai contar com uma "ajudazinha" da ciência.

Outro princípio que podemos aplicar aqui é o princípio da beneficência, que, por sua vez, está relacionado ao bem-estar do paciente se comparado ao atendimento médico, ou ao experimento científico no caso concreto.

É preciso ressaltar também que o cientista, o médico, ou o profissional de saúde que atenderá determinada paciente, deve, obrigatoriamente, guiar sua atividade profissional visando a moral na pesquisa, na atividade científica.

Não pode o profissional da saúde, por seu bel prazer, por ter se desentendido com a futura mamãe, incluir um gene que causará uma doença genética grave na criança.

Lidar com a saúde humana em si já é uma das mais delicadas e graves situações a se analisar. Esse cuidado precisa ser ainda maior, principalmente quando estamos tratando de questões relacionadas à saúde de uma criança que não nasceu, que sequer está sendo gerada e que, por um mero capricho, mera infantilidade, pode vir a passar por traumas por conta de uma simples "brincadeira de mal gosto".

Por fim, o princípio que também acaba sendo o balizador da "brincadeira de Deus" relativa à manipulação genética dos embriões é o princípio da justiça.

Esse princípio, ainda na lição (2015, p. 18) da Professora Adriana Maluf, *"refere-se à imparcialidade da distribuição dos riscos e benefícios de todos os envolvidos na pesquisa científica e nas práticas médicas, seja no âmbito nacional, seja no âmbito internacional."*

Tal orientação principiológica visa obter a equidade nessa manipulação genética, ou seja, todos devem obter um acesso igualitário aos meios que favoreçam a reprodução humana.

Mas será que todas essas alternativas médicas são realmente proporcionadas a todos aqueles que buscam um auxílio da ciência para verem realizado o seu sonho de gerar uma vida, por exemplo?

Como o nosso país é um país de dimensões continentais, e de desigualdade entre a sua população também continental, nem sempre as últimas tendências e avanços da medicina estão disponíveis no Sistema Único de Saúde da mesma forma que chegam aos hospitais de ponta que estão localizados nas capitais mais importantes do país.

É justamente por isso que muitos casais, ou muitas "futuras mamães" acabam se mudando para os grandes centros econômicos para ver ser realizado o sonho de gerar uma vida.

E mesmo para quem mora nos grandes centros econômicos do país, nem sempre o acesso aos avanços tecnológicos está facilmente disponível. Esses tratamentos relativos à reprodução humana costumam ser dispendiosos, demorados, e com uma chance de insucesso nas primeiras tentativas.

Depois de verificarmos os princípios que acabam sendo os limitadores da manipulação genética dos embriões que serão implantados no útero da futura mamãe, será que, mesmo respeitando-se os princípios mencionados acima, mesmo agindo com beneficência e justiça, toda manipulação genética está liberada, não importando a finalidade?

Será que não precisa ser medido o impacto das informações sobre a vida de um ser que sequer se formou adequadamente, um ser criado em laboratório e que já está passando por um processo de alteração genética?

No próximo item, discutiremos a aplicação prática desses princípios, ou seja, será que para questões terapêuticas, a manipulação genética está em acordo com o que determina o princípio da beneficência, ou, para questões estéticas, a manipulação genética violaria o princípio da justiça?

3.1. QUESTÕES TERAPÊUTICAS

Se uma mulher, que deseja ser mãe, tem algum histórico de doença genética na sua família, doença genética essa que pode ser degenerativa, ou não, ela não poderia pedir ao profissional que fecundará seu óvulo ao esperma do doador de sêmen, que determinado gene não esteja no embrião que será implantado em seu útero?

Há quem defenda que, por questões terapêuticas, é possível, e permitido sim manipular geneticamente o embrião, para justamente se evitar que a criança que nascerá tenha uma doença genética, ou uma má formação.

A Professora Mayana Zatz (2011, p. 61), no livro *"Genética: escolhas que nossos avós não faziam"*, esclarece que:

O diagnóstico pré-natal permite a detecção de um número crescente de malformações ou doenças genéticas ainda durante a gravidez. Trata-se de um grande avanço incorporado, aos poucos, à rotina dos exames que asseguram a saúde do feto e a tranquilidade do casal. Ele permite optar pela gravidez mesmo em situações de alto risco genético, em que normalmente o casal não tentaria ter filhos.

"Portanto, ao contrário do que se imagina, o diagnóstico pré-natal tem salvado inúmeras vidas normais", afirma Mayana Zatz (2011, p. 61).

Para que possamos falar em manipulação genética do embrião, seja por conta de questões terapêuticas, seja por conta de questões estéticas, é preciso mencionar que é, antes de o embrião ser implantado no ventre materno, na grande maioria das vezes, o embrião passa por um diagnóstico pré-implantacional.

Ou seja, esse diagnóstico pré-implantacional é um método de diagnóstico que visa prevenir a transferência de embriões portadores de graves doenças genéticas ou cromossômicas. É justamente por meio da realização desse diagnóstico pré-implantacional que se analisa o código genético daquele embrião, para se verificar se determinado embrião possui determinado gene que acarretará uma doença genética grave no futuro, por exemplo.

Tal é a importância do diagnóstico pré-implantacional que o exame em questão foi regulamentado na Resolução 2.294, de 27 de maio de 2021, publicada pelo Conselho Federal de Medicina; resolução essa que estabelece as normas éticas para a utilização das técnicas de reprodução assistida.

Vejamos o que estabelece essa resolução:

VI – Diagnóstico genético pré-implantacional de embriões
1. As técnicas de RA podem ser aplicadas à seleção de embriões submetidos a diagnóstico de alterações genéticas causadoras de doenças, podendo nesses casos ser doados para pesquisa ou descartados, conforme a decisão do(s) paciente(s), devidamente documentada com consentimento informado livre e esclarecido específico. No laudo da avaliação genética, só é permitido infor-

mar se o embrião é masculino ou feminino em casos de doenças ligadas ao sexo ou de aneuploidias de cromossomos sexuais.
2. As técnicas de RA também podem ser utilizadas para tipagem do Antígeno Leucocitário Humano (HLA) do embrião, no intuito de selecionar embriões HLA-compatíveis com algum irmão já afetado pela doença e cujo tratamento efetivo seja o transplante de células-tronco, de acordo com a legislação vigente.
3. O tempo máximo de desenvolvimento de embriões in vitro será de até 14 (catorze) dias.

Há quem entenda que essa técnica é recomendada, por exemplo, para uma futura mamãe que possui um alto risco de doenças genéticas, que já tem ou que já teve algum parente com alguma doença grave.

A mãe recorre a essa tecnologia para evitar o nascimento de mais uma criança com determinada doença grave, seja ela qual for.

Com o uso dessa técnica genética antes que o embrião seja implantado no útero materno, pode-se reduzir, em grande monta, a possibilidade de nascer uma criança com algum tipo de doença genética, seja uma má-formação, seja uma doença degenerativa, por exemplo.

Essa possibilidade de se conhecer o genoma inteiro de uma criança, até mesmo antes da implantação do embrião fecundado no laboratório no útero materno, traz novas perspectivas e desafios.

Novas perspectivas porque, pelo avanço da ciência, é possível identificar mutações no DNA do embrião; mutações essas que podem, ou não, trazer uma enfermidade, uma má formação, por exemplo.

E, por outro lado, novos desafios, pois, a partir do momento que se consegue identificar mutações no genoma do embrião, o que fazer com essa informação?

Repassar esses dados à mãe, para que ela decida se quer implantar o embrião em seu útero e, com isso, gerar uma criança que pode vir a desenvolver uma doença degenerativa, ou omitir essa informação, informando à paciente que está na sua última tentativa de implantação do embrião, no limite da idade para implantação do embrião, que aquele "serzinho" criado em laboratório possui uma doença degenerativa descoberta por "acidente" e que essa doença fará com que a criança tenha um tempo reduzido de vida, por exemplo?

Vale omitir esse dado para que a mãe e a criança vivam na mais completa harmonia e felicidade até que o destino, guardião da vida e da morte de todos os viventes na terra, entenda que é a hora da criança ser levada a outro plano?

Deixemos essa discussão a respeito do consentimento que a paciente, no caso a mãe, precisa ter, e informar adequadamente o profissional de saúde a respeito da sua decisão para um outro momento.

Diante disso, consegue-se concluir que, se a manipulação genética for feita para se impedir que a criança venha a desenvolver alguma enfermidade, seja essa enfermidade qual for, permite-se que o embrião seja alterado geneticamente.

Além das disposições da Resolução 2.294, de 27 de maio de 2021, a Resolução 2217/2018, que aprovou o Novo Código de Ética Médica, publicada pelo Conselho Federal de Medicina (CFM), também traz, no capítulo relativo à Responsabilidade Profissional do médico, em seu artigo 16, uma preocupação com relação a esse assunto, estabelecendo limites a esses profissionais, principalmente com relação à manipulação, modificação desses embriões, vedando, por exemplo, a reprodução do gene manipulado em laboratório.

Vejamos o que estabelece o artigo 16 dessa Resolução:

> Capítulo III
> Responsabilidade Profissional.
> *É vedado ao médico*
> Art. 16: Intervir sobre o genoma humano com vista à sua modificação, **exceto na terapia gênica**, excluindo-se qualquer ação em células germinativas que resulte na modificação genética da descendência."
> (grifos nossos).

Conseguimos concluir, com a simples leitura do artigo 16 da Resolução 2217/2018, e também com o que estabelece a Resolução 2.294/2021, que o médico está proibido de intervir no genoma humano visando modificar esse embrião.

Entretanto, o próprio legislador especializado traz uma exceção a essa vedação da manipulação genética, qual seja, a terapia gênica.

Ou seja, se o embrião precisar ser modificado para se evitar que essa criança nasça com algum tipo de doença genética, transmissível pela mãe, ou até mesmo pelo material genético do doador do sêmen que está sendo utilizado para fecundar esse óvulo, essa manipulação genética está permitida.

3.2. QUESTÕES ESTÉTICAS

Vimos anteriormente que a manipulação genética visando evitar que o embrião cresça e a criança venha a ter algum tipo de doença genética é regulamentada e, em algumas situações, permitida pelos órgãos fiscalizadores das atividades realizadas pelos profissionais de saúde.

Justamente para que as crianças que nascerão não tenham qualquer tipo de enfermidade, mesmo porque não se pode esquecer que as células humanas continuam a se modificar naturalmente, independente de qualquer intervenção genética.

Analisemos, portanto, a seguinte situação hipotética: a mulher quer ser mãe, possui pele clara, olhos verdes, não possui em seu histórico médico, e no histórico médico de sua família, qualquer tipo de enfermidade genética, que poderia ser transmitida à criança que será implantada em seu útero, mas a futura mamãe quer ter uma menina, com cabelos loiros, com olhos azuis, e que tenha um porte atlético.

Essa mesma mulher busca, em um dos bancos de sêmen na cidade em que reside, o esperma de um doador que possua essas mesmas características físicas, ou seja, o doador é loiro, possui a pele clara e olhos azuis.

É possível que o profissional de saúde que fecundará o esperma do doador no óvulo colhido em laboratório seja obrigado a "escolher", dentre os embriões fecundados, aquele que contenha as características genéticas de uma menina, que deverá nascer loira, e com olhos azuis, e com predisposição genética a ter um porte atlético quando crescer?

É possível "escolher" na loteria da genética como queremos que essa criança seja, da mesma forma como escolhemos um pacote de café em um supermercado, por exemplo?

Não estaríamos, nessa situação, "brincando de Deus", mas de uma forma mais intencional e mais egoísta?

Não estaríamos privilegiando determinadas características genéticas ao invés de deixarmos a natureza fazer seu trabalho, e criar a multiplicidade de características físicas que cria desde que o homem começou a povoar a Terra?

Esse privilégio que determinadas características físicas possuem em detrimento de outras é uma das atribuições da eugenia.

A eugenia pode ser definida como um movimento social e científico que visa obter um aprimoramento da raça de determinados povos. Esse aprimoramento da raça é conquistado com medidas "incomuns" tais como o sanitarismo, a esterilização compulsória, e, por conta dos avanços tecnológicos, a manipulação genética.

O Professor Luiz Gustavo Vicente Penna(2013, p. 25), traz, no seu trabalho "O Direito Penal e a Manipulação Genética do Embrião Humano", o histórico do conceito da eugenia. "Francis Galton (1822-1911) utilizou o termo Eugenia para designar as atividades científicas intimamente voltadas a melhorar o pool gênico humano, dando às características desejáveis maiores chances de prevalecer".

Dessa forma, o pedido da nossa futura mamãe, que indicamos no início desse item, estaria qualificado como um pedido que possui características de eugenia, ou seja, a mãe quer selecionar as características físicas de sua filha, apenas por entender, por exemplo, que se a menina tiver olhos azuis ao invés de olhos verdes, estará mais adequada para participar de determinado grupo da sociedade.

A eugenia foi uma prática grandemente utilizada durante a Segunda Guerra Mundial, em que se realizou uma série de pesquisas científicas, visando obter, no entendimento dos líderes dessa guerra, a raça "ariana", a raça "pura" que era a única devidamente apta a povoar a terra.

Foi justamente pelo fato de a humanidade já ter vivido os horrores desse genocídio sem qualquer precedente, os horrores dessa manipulação genética que ceifou a vida de milhares de pessoas, que os órgãos fiscalizadores da atividade médica, passaram a proibir a realização da eugenia.

Ou seja, entendeu-se que não se poderia mais repetir as atrocidades que o regime nazista perpetrou durante os seis anos de conflito, mesmo com o avanço crescente da medicina.

O Brasil, a seu turno, seguiu o entendimento da comunidade internacional e não ficou atrás em vetar a manipulação genética dos embriões fecundados em laboratório para fins que não são terapêuticos. O artigo 15 do Código de Ética Médica proíbe a manipulação genética para fins estéticos, por exemplo.

Vejamos o que determina tal dispositivo.

> Capítulo III
> Responsabilidade Profissional.
> *É vedado ao médico*
> Art. 15: Descumprir legislação específica nos casos de transplantes de órgãos ou tecidos, esterilização, fecundação artificial, abortamento, manipulação ou terapia genética.
> *§1º: No caso de procriação medicamente assistida, a fertilização não deve conduzir sistematicamente à ocorrência de embriões supranumerários.*
> **§2º: O médico não deve realizar a procriação medicamente assistida com nenhum dos seguintes objetivos:**
> I – criar seres humanos geneticamente modificados;
> II – criar embriões para investigação;

III – criar embriões com finalidades de escolha de sexo, eugenia ou para originar híbridos ou quimeras.
§3º: *Praticar procedimento de procriação medicamente assistida sem que os participantes estejam de inteiro acordo e devidamente esclarecidos sobre o método."*
(grifos nossos).

Além da proibição constante no artigo 15 do Código de Ética Médica, o artigo 99 da mesma norma determina que o médico, ou o profissional de saúde não pode participar de qualquer tipo de experiência que atentem contra a dignidade humana; dentre essas experiências, está a eugenia.

Vejamos.

> Capítulo XII
> Ensino e Pesquisa Médica.
> *É vedado ao médico:*
> Art. 99. Participar de qualquer tipo de experiência envolvendo seres humanos com fins bélicos, políticos, étnicos, **eugênicos** ou outros que atentem contra a dignidade humana.
> (grifos nossos).

Dessa forma, conseguimos concluir com a simples leitura desses dois dispositivos extraídos do Código de Ética Médica que comete infração ética o profissional que criar seres humanos modificados geneticamente, principalmente se essa modificação não for aplicada por questões terapêuticas, mas se isso ocorrer por finalidades de escolha de sexo, ou até mesmo se essa modificação visar criar seres híbridos, ou seres que estão apenas no imaginário das pessoas.

Será que vale a pena, mesmo depois de a humanidade ter visto todas as atrocidades causadas a pessoas inocentes por algumas pessoas que levavam o pensamento eugenista a níveis nunca dantes vistos, ainda pensarmos que estamos autorizados a modificar o código genético de um embrião fecundado em laboratório, apenas para satisfazer o capricho de uma pessoa que não pode ficar em uma situação "desconfortável" na sociedade em que está inserida?

Será que vale a pena "criar" seres geneticamente modificados, visando, no futuro, termos uma população imune a doenças, mas, por outro lado, uma população que deixou de ter aquele "brilho" que apenas as pessoas criadas com a "mão" da natureza junto com a "mão" da genética possuem?

Será que o avanço tecnológico vale tudo isso?

4. CONCLUSÃO

É de conhecimento geral que a família é a base da sociedade. Também é de conhecimento geral que a família, e todas as implicações decorrentes do estabelecimento da entidade familiar também vêm se transformando conforme a sociedade muda, conforme a sociedade vai evoluindo.

Atualmente, não é mais tão comum vermos casais completando 50 (cinquenta), 60 (sessenta) e até 70 (setenta) anos de casados. Ao contrário. As taxas de divórcio vêm aumentando a cada ano.

Mas, se há algo que geralmente permeia o imaginário da maioria das pessoas, geralmente as mulheres, é a ideia de se reproduzir, ou seja, de gerar uma vida.

E, com o avanço da tecnologia, com o aumento das oportunidades profissionais que foram concedidas às mulheres, em grande monta, por conta de sua capacidade de encarar novos desafios, pessoais e profissionais, e por conta de, muitas vezes, de não acharem o "parceiro ideal" para embarcar na jornada da maternidade, muitas mulheres optaram pela "produção independente", ou seja, pela opção de gerar uma vida apenas com o auxílio do material genético do doador de sêmen, sem a necessidade de ter nenhum outro tipo de participação masculina nesse processo.

Ao ver na "produção independente" a alternativa para serem mães, muitas mulheres viram nessa espécie de reprodução humana assistida, assistida porque a candidata a mãe precisa, obrigatoriamente, contar com o auxílio da tecnologia para realizar esse "sonho", a possibilidade de terem um "poder de Deus" maior do que teriam caso estivéssemos falando do método tradicional de reprodução humana.

Se formos em algumas clínicas de reprodução humana nas grandes cidades, e lá perguntarmos se as candidatas a "mães solteiras", que optaram pela "produção independente" escolhem como querem que seus filhos sejam ao nascer, é muito possível que consigamos a informação que "Não faltam requisitos que as mulheres nos pedem antes de fecundarmos o óvulo coletado da mãe ao esperma do doador do material genético".

Entretanto, esses "requisitos" precisam ser esclarecidos, para evitarmos estar diante de uma "brincadeira de Deus". Se esses pedidos são feitos por conta de uma condição genética que está presente na família da mãe, como alguma doença genética, ou até mesmo alguma má-formação genética que ocorreu em alguma outra gestação existente na família da mãe, por exemplo, a medicina autoriza que o profissional de saúde responsável pela implantação do embrião no útero materno altere o material genético do embrião, para evitar que essa nova criança nasça já com algum tipo de condição genética "prejudicial".

Mas, por outro lado, se esses pedidos são feitos apenas por mero capricho, por mera vontade de gerar uma criança que tenha padrões físicos muitas vezes inalcançáveis se estivéssemos diante da reprodução humana natural, em que ficaria a cargo da natureza decidir quais condições físicas tal criança teria, essa manipulação genética é expressamente vedada, proibida pelos órgãos regulamentares da atividade médica.

E, mesmo nessa situação, é preciso evitar que, com essa manipulação genética, não criemos "super-bebês".

Dessa forma, é preciso analisar com cuidado o fundamento do pedido da "candidata a mamãe solteira": se estamos diante de uma situação em que há fundamento razoável e compreensível no pedido feito pela mãe, ante uma condição clínica específica, ou se esse pedido é apenas para "não ficar mal na fita" com as demais colegas que já são mães e que, por destino da natureza, geraram crianças "arianas", por exemplo.

Não seria melhor que, ante essa segunda possibilidade em que é vedada a manipulação genética, deixarmos que a natureza, e a condição física de cada pessoa decidir como a criança vai nascer?

O mundo não seria um lugar mais "sem graça" se manipulássemos todos os embriões, para que as futuras crianças nascessem todas com o mesmo padrão de cor de pele, cor de olhos, cor de cabelo, textura de cabelo, por exemplo?

Será que tanta evolução não acarretaria um retrocesso em tudo o que a medicina e a pesquisa tecnológica conquistaram nos últimos 50, 60 anos?

Vale a pena vermos novamente profissionais de saúde responsáveis por essa manipulação genética serem acusados de eugenia, da mesma forma que os médicos nazistas o foram há mais de 70 anos?

Há algum tipo de limite que a ciência precisa respeitar ou ela é uma área sem qualquer tipo de limitação? Até onde podemos brincar de Deus, substituindo a natureza pelos experimentos em laboratório? Tudo é permitido quando estamos tratando de manipulação genética?

Que os membros das próximas gerações que surgirem na humanidade não sejam tão "cópias" uns dos outros, mas sim que sejam plurais, que sejam pessoas com suas várias particularidades e composições genéticas.

Como o mundo é mais bonito sendo colorido e diferente.

REFERÊNCIAS

MALUF, Adriana Caldas do Rego Freitas Dabus. CURSO DE BIOÉTICA E BIODIREITO. 3ª ed. São Paulo. 2015.

PENNA, Luiz Gustavo Vicente. O DIREITO PENAL E A MANIPULAÇÃO GENÉTICA DO EMBRIÃO HUMANO. TESE (MESTRADO EM DIREITO) – Faculdade de Ciências Humanas e Sociais. Universidade Estadual Paulista "Júlio de Mesquita Filho". Franca. 2013.

ZATZ, Mayana. GENÉTICA. Escolhas que os nossos avós não faziam. São Paulo. Globo, 2011.

Código de Ética Médica. Disponível em: <https://portal.cfm.org.br/images/PDF/cem2019.pdf>. Acesso em: 6 de julho de 2022.

- editoraletramento
- editoraletramento.com.br
- editoraletramento
- company/grupoeditorialletramento
- grupoletramento
- contato@editoraletramento.com.br
- editoraletramento

- editoracasadodireito.com.br
- casadodireitoed
- casadodireito
- casadodireito@editoraletramento.com.br